La Nouvelle Loi

SUR LES

Fonds de Commerce

ET

Sa Jurisprudence

Commentaire pratique de la loi du 17 mars 1909
avec un exposé complet de la jurisprudence de la loi
et des formules

PAR

M. Fortuné CREVOISIER

ANCIEN PROFESSEUR A LA FACULTÉ LIBRE DE DROIT DE MARSEILLE
LAURÉAT DE LA FACULTÉ D'AIX
AVOCAT AU BARREAU DE NICE

DEUXIÈME ÉDITION

REVUE ET AUGMENTÉE

Prix : 2 fr. 50

PARIS

Administration du Bulletin-Commentaire des Lois Nouvelles
et Décrets

BOULEVARD SAINT-MICHEL, 147

1912

Ouvrages du même Auteur

Théorie des Nationalités, étude de droit international (Paris, La Loi, décembre 1896).

La Condition privée de la femme, étude de droit civil féminin (Paris, La France Judiciaire, mai 1897).

Le libre salaire de la femme mariée, commentaire de la loi du 13 juillet 1907 (Paris, Belzacq, 147, boul. Saint-Michel).

Le point du départ du délai de dix mois imposé à la femme divorcée avant de se remarier, commentaire de la loi du 13 juillet 1907 (Paris, Belzacq).

Les habitations à bon marché et la petite propriété, commentaire des lois des 12 avril 1906 et 10 avril 1908. (Paris, Belzacq).

La Recherche de la Paternité, commentaire du projet de loi Louis Martin voté par le Sénat (*en préparation*).

L'Extension de la capacité de la femme mariée, commentaire du projet de loi Beauquier voté par la Chambre des députés (*en préparation*).

La Nouvelle Loi

Fonds de Commerce

ET

Sa Jurisprudence

Commentaire pratique de la loi du 17 mars 1909
avec un exposé complet de la jurisprudence de la loi
et des formules

PAR

M. Fortuné CREVOISIER

ANCIEN PROFESSEUR A LA FACULTÉ LIBRE DE DROIT DE MARSEILLE
LAURÉAT DE LA FACULTÉ D'AIX
AVOCAT AU BARREAU DE NICE

DEUXIÈME ÉDITION
REVUE ET AUGMENTÉE

PARIS

Administration du Bulletin-Commentaire des Lois Nouvelles
et Décrets

BOULEVARD SAINT-MICHEL, 147

1912

PRÉFACE

Jusqu'à ces dernières années, la législation sur les fonds de commerce était tout à fait insuffisante. « La loi nouvelle, comme le dit Me Crevoisier, sauvegarde les droits trop longtemps méconnus du vendeur du fonds, de ses créanciers chirographaires, et des créanciers gagistes du commerçant qui a donné son fonds en nantissement ». Par la publicité qu'il a instituée, le législateur donne plus de sécurité dans les transactions commerciales, puisque, d'une part, il rend obligatoire, en matière de ventes de fonds de commerce, la publication de la vente par deux avis successifs, et, d'autre part, il institue un système de publicité pour le nantissement du fonds en décidant, d'ailleurs, que le nantissement ne portera jamais sur les marchandises comprises dans le fonds.

Les nécessités pratiques qu'a amenées, dans ces dernières années, le développement du commerce et de l'industrie sont la raison d'être de la loi du 17 mars 1909 sur les fonds de commerce. Comme toutes les lois nouvelles, elle est encore trop ignorée et donne lieu à des fluctuations que, seule, une jurisprudence bien établie fera cesser. C'est pourquoi Me Crevoisier s'est attaché, dans son savant commentaire, non seulement à nous faire connaître les innovations apportées par le législateur au régime de la vente et du nantissement des fonds de commerce, mais il a encore précieusement recueilli les décisions de jurisprudence faisant de la loi des applications pratiques.

Cette étude très documentée, consciencieusement rédigée, est une synthèse de la multiplicité des questions qui s'agitent quotidiennement au sujet de cette loi.

Ce sera là un guide précieux pour les hommes d'affaires et les jurisconsultes, qui y trouveront la solution de nombreuses controverses, pour les magistrats appelés à interpréter et appliquer l'œuvre du législateur, pour les commerçants enfin, qui y trouveront tous les renseignements utiles à la sauvegarde de leurs intérêts.

C'est donc un incontestable service que Me Crevoisier rend aux uns et aux autres. Nous ne pouvons que le remercier de cette heureuse initiative.

J. VENTRE,

Président du Tribunal de Commerce de Nice.

AVANT-PROPOS

Ce commentaire n'était pas destiné à la publicité. Lorsque nous fîmes, à l'Hôtel-de-Ville de Nice, il y a quelques mois, des conférences pour expliquer au grand public la nouvelle loi du 17 mars 1909, qui a créé le statut des fonds de commerce, nous n'avions en vue qu'un enseignement oral. Nous avons dû toutefois céder aux demandes d'amis et de commerçants qui ont estimé que la publication de nos conférences ne serait pas sans utilité pour eux.

Nous en avons revu le texte et l'avons enrichi de nombreuses notes de jurisprudence qui s'adressent au monde du Palais, alors que le texte est destiné aux commerçants. On remarquera que notre commentaire est le premier qui contienne des références à la jurisprudence appelée à interpréter la loi nouvelle.

Dans la rédaction de ce livre, nous avons surtout visé à la clarté, afin de rester à la portée du lecteur étranger à la science du droit, et, à défaut d'autres mérites, nous espérons qu'on ne nous refusera pas celui-ci. Nous avons donc défini avec le plus grand soin tous les termes dont le sens pouvait *prêter à l'équivoque ; nous avons pris le lecteur au début de l'acte, et nous espérons avoir été pour lui un guide sûr et consciencieux dans les sentiers épineux de la procédure.*

Quant aux notes, qui ont exigé un travail de révision considérable, elles donneront à ce livre, pour le monde du Palais, le même caractère d'utilité pratique que présentent tous nos autres ouvrages.

Notre cadre restreint ne pouvait comporter de grands développements, aussi nous sommes-nous borné à l'étude des lois du 17 mars et du 1er avril 1909 et à l'exposé de la jurisprudence qui leur est afférente. Nous regrettons que celles-là soient encore trop récentes pour que la Cour de Cassation ait déjà solutionné définitivement les difficultés que soulève leur application.

Nous avons terminé notre travail par quelques formules d'un usage courant pour les commerçants, et dont ils chercheraient vainement l'équivalent dans les autres commentaires. C'est à dessein que nous avons omis les formules d'actes qui ne peuvent être compétemment rédigés que par les spécialistes que les commerçants ne doivent pas hésiter à consulter s'il veulent éviter les plus dommageables erreurs, et les formules de publication que les journaux rédigent eux-mêmes.

Nous manquerions à un devoir de reconnaissance et de justice si, avant de terminer, nous n'exprimions notre gratitude aux amis aussi modestes que savants qui nous ont apporté, avec leur encouragement, le concours de leurs lumières.

Nous nous estimerions heureux si nous pouvions être utile à quelques-uns.

F. C.

Octobre 1911.

Explication des Abréviations

Gaz. Pal. avril 1911 p. 453 = Gazette du Palais, fascicule du mois d'avril 1911, page 453.
Gaz. Trib. = Gazette des Tribunaux.
Gaz. Com. Lyon = Gazette Commerciale de Lyon.
Rec. Marseille = Recueil de jurisprudence commerciale de Marseille.
Juris. Civ. Marseille = Jurisprudence civile de Marseille.
Rec. judic. des A.-M. = Recueil judiciaire des Alpes-Maritimes.
Petites Affiches des A.-M. = Petites Affiches des Alpes-Maritimes.
Bul. Pal. = Bulletin du Palais de Nice.
D. 93. 2. 33 et 233 = Recueil périodique et critique de Dalloz, année 1893, 2e partie, pages 33 et 233.
C. ou C. Civ. = Code civil.
Com. = Code de commerce.
Pén. = Code Pénal.
Cass. = Arrêt de la Cour de cassation.
Toulouse = Arrêt de la Cour de Toulouse.
Contra = Solution contraire.
Art. 22 = Article 22 de la loi du 17 mars 1909.

La Nouvelle Loi

Fonds de Commerce

Sa Jurisprudence

LA NOUVELLE LOI

FONDS DE COMMERCE

NOTIONS PRÉLIMINAIRES

I. — Economie de la Loi du 17 Mars 1909

1. Jusqu'à ces dernières années, les fonds de commerce n'étaient réglementés par aucune disposition législative qui leur fut spéciale, et l'on en était réduit à leur faire une application plus ou moins empirique du droit commun de la vente dont la théorie générale est exposée dans un titre spécial du Code civil. Le fonds de commerce était considéré comme une universalité de fait, composée de l'ensemble des éléments qui servent à un commerçant pour l'exercice de sa profession.

Quant au nantissement des fonds de commerce, sa validité, longtemps contestée, n'a été légalement consacrée pour la première fois que par la loi du 1er mars 1898, sous la forme d'une simple addition d'un paragraphe à l'article 2075 du Code

civil. Quoique heureuse, l'intervention du
législateur était encore cependant bien insuffisante, puisqu'elle se bornait à donner
la publicité aux nantissements de fonds.
On ne pouvait sérieusement assimiler un
fonds de commerce à une marchandise
quelconque, et la pratique révélait tous les
jours des lacunes au législateur.

C'était donc toute une théorie nouvelle
à édifier ; le projet a heureusement abouti
au vote de la loi du 17 mars 1909.

Objet de la loi du 17 mars 1909. — 2. La
loi nouvelle, due à l'initiative de M. Cordelet, sénateur, qui en déposa le projet sur
le bureau de la Chambre haute le 21 mars
1905, ne saurait évidemment résoudre toutes les difficultés relatives à la vente et au
nantissement des fonds de commerce. Elle
s'est proposé surtout de « régler, par des
textes précis, les principales difficultés ré-
vélées par la pratique, dans une matière
qui a donné lieu à des décisions judiciaires
sans nombre et à beaucoup de controverses dans la doctrine ». (Rapport de M. Cordelet, *Officiel*, 7 sept. 1907, annexes p. 5).
La loi s'occupera donc essentiellement de
sauvegarder les droits très longtemps méconnus du vendeur du fonds, de ses créanciers chirographaires, et des créanciers gagistes du commerçant qui a donné son
fonds en nantissement.

Economie de la Loi

3. La loi Cordelet, qui ne comprend pas
moins de 38 articles, dont la plupart comportent 7 ou 8 paragraphes fort éten-

dus, se divise en trois chapitres. Le premier s'occupe de la vente des fonds de commerce, le second du nantissement. Le troisième donne des règles communes à la vente et au nantissement, et se subdivise en deux sections dont l'une est relative à la réalisation du gage et à la purge des créances inscrites, tandis que l'autre précise les formalités à remplir au greffe du Tribunal de commerce. Avant d'analyser en détail la loi du 17 mars 1909, nous en esquisserons à grands traits la physionomie générale.

Vente, protection du vendeur. — 4. *L'existence du privilège* reconnu par l'article 2102 § 4 du Code civil au vendeur d'effets mobiliers non payés sur le prix de ces effets, est subordonnée par la loi de 1909 à deux conditions : 1° que la vente du fonds de commerce ait été constatée par contrat sous la forme d'un acte authentique, c'est-à-dire passé devant notaire, soit d'un acte sous seing privé mais enregistré ; 2° il faut que, dans la quinzaine de l'acte de vente, le privilège du vendeur soit inscrit sur un registre public tenu au greffe du Tribunal de commerce dans le ressort duquel le fonds ou la succursale du fonds est exploité (art. 1-1°, 2-1°, 4).

5. *L'étendue du privilège* du vendeur est limitée aux seuls éléments du fonds expressément énumérés dans l'acte de vente et dans l'inscription prise au greffe du privilège du vendeur. Si l'on avait omis de faire l'énumération des éléments, le

privilège ne porterait que sur les éléments incorporels : enseigne, nom commercial, droit au bail, clientèle et achalandage (article 1 1°).

6. L'inscription au greffe dans les quinze jours de la vente assure au privilège du vendeur la priorité sur toute autre inscription prise dans le même délai du chef de l'acheteur.

Le privilège du vendeur est, de plus, *opposable à la faillite et à la liquidation judiciaire* de l'acheteur (art. 2-1°).

7. L'*action résolutoire* de la vente, en cas de non paiement du prix par l'acheteur, prévue par l'article 1654 du Code civil, est aussi reconnue au vendeur qui pourra l'exercer, comme son privilège, à l'encontre de la faillite ou de la liquidation judiciaire de l'acheteur, par dérogation à l'article 550 du Code de commerce.

Protection des droits des créanciers du vendeur. — 8. La loi nouvelle institue la *publicité* par extraits ou avis dans les journaux des ventes, cessions ou mises en société des fonds de commerce. Les créanciers du vendeur peuvent, dans un certain délai, faire *opposition au paiement du prix* (art. 3).

9. Les créanciers inscrits ou opposants du vendeur ont le droit encore, si le prix est insuffisant à les désintéresser, de mettre une *surenchère du sixième* du prix principal du fonds, non compris le matériel et les marchandises. La surenchère n'est permise qu'au cas de vente amiable, et seulement aux personnes solvables ou

qui ont consigné une somme suffisante
(art. 5).

10. Tout créancier du vendeur, lorsque
le prix de vente est définitivement fixé, a
le droit d'exiger de l'acheteur la *consignation du prix* au fur et à mesure de son exigibilité (art. 6).

11. Quant aux créanciers du propriétaire
d'un fonds qui en fait *l'apport à une société*, si l'annulation de la société ou de
l'apport n'est pas prononcée, la société est
obligée solidairement avec le débiteur
principal de payer les créanciers (art. 7).

Nantissement. — 12. Les fonds de commerce peuvent faire l'objet de nantissement (art. 8), mais il convient de remarquer que ce prétendu nantissement n'est
en réalité qu'une véritable *hypothèque
mobilière* que la loi du 17 mars 1909 a
créée. Si le législateur a reculé devant
l'emploi du mot propre, c'est par respect
pour les principes du Code civil qui, notamment dans l'article 2118, ne reconnaît
comme seuls susceptibles d'hypothèques
que les immeubles et les usufruits. Le nantissement des fonds étant une véritable hypothèque, en offre tous les avantages : le
créancier nanti a un droit de préférence et
un droit de suite sur le fonds (art. 22),
dont le rang se détermine par la date d'inscription du privilège sur le registre spécial
tenu au greffe du Tribunal de commerce
(art. 12), le tiers acquéreur peut purger
son fonds des privilèges inscrits (art. 22),
enfin le débiteur, et c'est là le point essentiel, conserve la possession du fonds, com-

me s'il s'agissait d'un immeuble, tandis que, s'il s'agissait d'un nantissement dans les termes du droit commun le débiteur doit se dessaisir du gage (art. 2076 du Code civil), dérogation importante.

13. Après avoir reconnu que les fonds de commerce peuvent faire l'objet d'un nantissement, la loi de 1909 *refuse au créancier gagiste le droit de se faire attribuer le fonds en paiement* (art. 8), ce qui est une exception importante aux principes posés par l'article 2078 du Code civil.

14. Parmi les *éléments du fonds susceptibles d'être compris dans le nantissement*, il ne faut pas placer les *marchandises ;* et si l'acte de nantissement ne fait pas de désignation expresse, le nantissement ne porte que sur les éléments incorporels : enseigne, droit au bail, nom commercial, clientèle et achalandage (art. 9).

15. La *forme du contrat de nantissement* est celle de l'acte authentique ou de l'acte sous seing privé (art. 10-1° et 2074 du Code civil), enregistrés, entre lesquels les parties ont le choix.

16. Le *privilège du créancier gagiste*, qui a un nantissement, s'établit comme celui du vendeur par une *inscription* dans la quinzaine de la date de l'acte, sur un registre public tenu au greffe du Tribunal de commerce dans le ressort duquel le fonds est exploité (art. 10-2°, 11-1°).

17. Le *rang des créanciers* entre eux se détermine par la date de leurs inscriptions (art. 12).

Dispositions communes à la vente et au

nantissement. — 18. La loi du 17 mars 1909 garantit les intérêts du vendeur du fonds et des créanciers gagistes en cas de déplacement du siège du fonds, d'inscription d'un nantissement ou de résiliation du bail de l'immeuble qui sert à l'exploitation du fonds (art. 13 et 14).

Réalisation du gage. — 19. Tout créancier peut procéder à la *saisie-exécution* du fonds, du matériel et des marchandises : à défaut de paiement dans le délai imparti au débiteur par le jugement, la vente est ordonnée par le même jugement (art. 15 1° à 4°).

Le créancier gagiste et le vendeur non payé peuvent aussi faire ordonner la *vente du fonds* qui est leur gage (art. 16 1°) par une procédure et une publicité spéciales (art. 15-5° et suiv., 17).

La revente du fonds à la *folle-enchère* de l'adjudicataire qui n'a pas exécuté les clauses du cahier des charges est réglée par les articles 733 et 740 du Code de Procédure civile qui contiennent le droit commun en la matière (art. 19).

En vue *d'éviter le morcellement des fonds,* tout créancier inscrit, en cas de poursuite exercée par un autre créancier sur un ou plusieurs éléments du fonds, peut demander au Tribunal de commerce d'ordonner la vente de tous les éléments (art. 20).

Aucune surenchère ne pourra être faite lorsque la vente aura été entourée des garanties établies par la loi nouvelle.

Purge des créances inscrites. — 20. Le

vendeur et le créancier gagiste ont un *droit de vente* sur le fonds, aussi l'acquéreur a-t-il *le droit de purger* le fonds des créances inscrites (art. 22).

Au cas de rejet par les créanciers des offres de l'acheteur, on procède à la *surenchère du dixième*, c'est là une procédure spéciale aux fonds de commerce (art. 23).

21. Les quinze derniers articles, c'est-à-dire la dernière partie de la loi et le règlement d'administration publique en date du 28 août 1909 s'occupent de l'inscription au greffe, des obligations du greffier, de la date d'application de la loi et prononcent l'abrogation expresse de la loi primitive du 1er mars 1898, toutes dispositions de détail que nous examinerons dans le commentaire même de la loi.

Telle qu'elle est, la loi du 17 mars 1909 est une loi de progrès, mais elle est encore imparfaite et renferme bien des lacunes, que la jurisprudence comblera ; tel fut le sort de la loi sur les accidents de travail.

II. Eléments dont se compose un Fonds de Commerce

Définition. — 22. Qu'est-ce qu'un fonds de commerce ? Le législateur en a négligé la définition qu'il n'est du reste pas facile de donner.

Le fonds de commerce est une universalité composée de l'ensemble des éléments qui servent à un commerçant pour l'exercice de sa profession. Ces éléments sont incorporels (enseigne et nom commercial, droit au bail, clientèle et achalandage) et corporels (matériel et mobilier, marchandises).

Composition du Fonds

23. La loi du 17 mars 1909 n'a pas énuméré les éléments d'un fonds de commerce. On doit considérer comme tels :

1° *Clientèle et achalandage.* — 24. La clientèle et l'achalandage sont l'élément principal d'un fonds de commerce. « La *clientèle*, disent MM. Boutaud et Chabrol, (Traité de droit commercial) est l'ensemble des personnes qui sont en relation d'affaires avec une maison de commerce ». Partant, la clientèle représente la valeur d'une maison de commerce, puisque c'est d'elle que dépend le chiffre d'affaires. Cette clientèle « fondée sur la mutuelle confiance » disparaîtra par la mort ou la cession du fonds. A la vente du fonds, la clientèle pourra disparaître comme demeurer, c'est là une chance, que l'on appelle l'*achalandage*.

Une des conséquences de la vente d'un fonds de commerce avec notamment l'achalandage et l'enseigne, c'est le droit de l'acquéreur de *recevoir directement toutes les lettres* portant pour suscription le nom du vendeur, l'indication de la profession et l'adresse à laquelle le fonds est exploité, ou l'une quelconque de ces deux dernières indications, le vendeur n'ayant droit qu'aux lettres à son nom ne portant ni la mention de la profession ni l'adresse du fonds. Voir en ce sens un jugement du

Tribunal de commerce de Marseille en date du 7 février 1911 (*Gaz. Palais* avril 1911, p. 453), un arrêt de la Cour de Lyon du 22 mars 1904 (*Gaz. Pal.* 1904, 2.318), de la Cour de Paris du 28 octobre 1909 (*Gaz. Pal.* 1909, 2. table).

2° *Nom commercial, enseigne, marques.* — 25. Cette situation acquise, la notoriété du fonds se manifeste extérieurement ; la confiance des clients provient de la bonne qualité des produits qui se distinguent des autres à l'aide notamment de *marques*. A l'achalandage doivent donc se rattacher certains éléments constitutifs du fonds destinés à le faire connaître. Il y aura le *nom commercial*, désignation sous laquelle une personne fait le commerce ; *l'enseigne*, qui spécialise le fonds et le distingue du nom commercial en ce qu'elle consistera souvent eu une désignation emblématique ou dans une simple formule de fantaisie ; les *médailles* et les *récompenses* obtenues à l'occasion du commerce ou de l'industrie par la personne. Citons encore les *marques* de fabrique et de commerce, les *dessins et modèles* de fabrique, les *brevets d'invention.*

3° *Droit au bail.* — 26. Un fonds de commerce s'exploite dans des locaux dont le commerçant peut être propriétaire ou locataire. Ce n'est que dans le cas où le commerçant ou l'industriel est locataire, que le *droit au bail* est un élément du fonds. Il est certain que la prospérité d'une maison de commerce, surtout s'il s'agit de vente au détail ou d'articles de luxe, dé-

pend en grande partie de sa situation : on
comprend sans peine que la durée du bail
restant à courir ait une très grande importance en cas de vente ou de nantissement
du fonds.

4° *Matériel et mobilier.* — 27. Pour la
fabrication des produits, pour leur expo-
sition au public, pour la vente, il faut un
matériel et un *mobilier*, voilà encore un
élément du fonds de commerce.

Par matériel et mobilier, il faut entendre l'outillage nécessaire à l'exploitation,
les meubles servant à l'agencement des
magasins ; le matériel et le mobilier sont
aussi variables que la nature du fonds, ils
différeront s'il s'agit d'une banque ou
d'une entreprise de transport. Le matériel
consistera en meubles le plus souvent ;
quelquefois, cependant, en immeuble par
destination si l'immeuble avait été spécialement construit et aménagé pour l'exploitation du fonds et si les objets mobiliers placés l'avaient été par le propriétaire
même de l'immeuble et étaient des instru-
ments nécessaires à l'exploitation de ce
fonds commercial. Il y a un grand intérêt
à savoir si le matériel a un caractère mobilier ou immobilier, car c'est dans ce dernier cas seul qu'il sera grevé des droits
réels qui frappent l'immeuble : privilèges,
hypothèques, etc. (1).

---

(1). Faut-il comprendre dans le matériel des
récipients (en l'espèce d'huile et de savon) en
circulation ou en magasin ? Oui, déclare un

5° *Marchandises*. — 28. Le dernier élément d'un fonds et le plus indispensable à son exploitation pour les fonds qui comportent des marchandises, consiste dans les marchandises. Mais elles ne sont pas un élément fixe, elles doivent être constamment renouvelées, surtout dans un commerce de nouveautés. Par suite de ce caractère de renouvellement incessant, la loi de 1909 a fait une distinction entre la vente et le nantissement des fonds, en excluant les marchandises de toute constitution de nantissement.

Eléments non compris. — 29. Il faut exclure des fonds de commerce les *créances et les dettes*, l'immeuble où s'exploite le fonds, que nous examinerons à propos

jugement du Tribunal civil de la Seine en date du 5 avril 1911 (*Gaz. Palais*, avril 1911, p. 477). On sait, en effet, qu'il est d'usage que la clientèle exige de l'acquéreur du fonds, contre restitution des récipients livrés par le vendeur au cours de son exploitation, le remboursement de leur valeur ou bien de nouveaux récipients en contre-échange. Ces récipients, ainsi remboursés à la clientèle par l'acheteur, font donc partie du matériel cédé. La décision du Tribunal de la Seine reconnaît à l'acquéreur le droit de continuer à s'en servir tant qu'ils existent encore, bien qu'ils portent le nom de son cédant (en l'espèce, il s'agissait de flacons de grès portant ce nom gravé dans la pâte) sans commettre pour cela un acte de concurrence déloyale. Il ne deviendrait répréhensible que s'il en fabriquait de nouveaux avec la même mention.

de l'objet du nantissement. Quant aux *livres de commerce* et à la *correspondance*, on peut stipuler qu'ils demeurent la propriété du vendeur intéressé à leur conservation pendant dix ans (art. 11 C. com.), l'acheteur ayant la faculté d'y puiser les renseignements utiles ; on peut aussi convenir que les livres et la correspondance resteront à l'acheteur, avec la faculté de les consulter pour le vendeur (1). Enfin, les *marchés* à recevoir ou à livrer et les *traités* divers créant des obligations personnelles entre le propriétaire d'un fonds et les tiers ne font pas partie du fonds, sauf consentement de l'acheteur ou du créancier *nanti*.

30. De tous les éléments constitutifs d'un fonds, y en a-t-il un essentiel ? Oui, c'est la *clientèle ou l'achalandage* ; il est vrai que cet élément n'existe pas s'il s'agit d'un établissement commercial récemment créé, mais c'est là une exception (2).

---

(1) La Cour de Paris (24 décembre 1890 et 27 janv. 1893, D. 93. 2. 33 et 233) décidait que les livres étaient la propriété de l'acquéreur. Dans l'exposé des motifs de la loi nouvelle, M. Cordelet considère comme incontestable le principe contraire d'après lequel les livres demeurent la propriété du vendeur. La jurisprudence ne s'est pas prononcée depuis la nouvelle loi. Quant à nous, nous estimons plus équitable, plus logique et même plus juridique le système de la Cour de Paris.

(2) Notre théorie sur la nécessité de la clientèle est aussi celle du Tribunal de commerce de

Les autres éléments du fonds peuvent fort bien ne pas s'y rencontrer, comme par exemple, l'enseigne, les brevets ou les marques ; il peut ne pas être question non plus du droit au bail, si le commerce est exploité dans un immeuble appartenant au commerçant ; enfin, certains fonds, celui de commissionnaire notamment, n'impliquent, même à titre accessoire, ni matériel ni mobilier spécialement attachés à leur exploitation.

Nice. Par une décision du 15 septembre 1910 (*Recueil Judiciaire des Alpes-Maritimes*, 1910, p. 153), il déclarait que la clientèle déjà existante est un des éléments essentiels du fonds de commerce. Il ne saurait y avoir de fonds de commerce s'il n'y a pas de clientèle. En conséquence, dit le jugement, on ne doit reconnaître une existence légale, notamment au fonds de commerce de théâtre, que du jour où ayant ouvert ses portes au public, il a pu avoir une clientèle.

Par suite, le nantissement donné antérieurement sur le fonds doit être déclaré nul comme ayant été consenti, non sur un corps certain, mais sur une chose éventuelle et future et non existante au jour de son affectation. La loi du 17 mars 1909 n'a pas changé cette règle qui repose sur les principes généraux de l'article 2071 Civ.

PREMIÈRE PARTIE

La Vente des Fonds de Commerce

CHAPITRE PREMIER

Règles générales de la Vente

La loi du 17 mars 1909 s'occupe tout d'abord, à propos de la vente des fonds de commerce, de protéger spécialement les droits du vendeur et de ses créanciers. Il convient donc, avant de nous placer avec le législateur à ce point de vue spécial auquel se place la loi, de rappeler les règles générales de la vente en tant qu'elles sont applicables aux fonds de commerce et qui les régissaient exclusivement avant la loi nouvelle.

1. CONDITIONS DE VALIDITÉ

Consentement des parties. — 31. La vente d'un fonds de commerce exige : 1° le consentement du vendeur et de l'acheteur. Il est à remarquer que la lésion n'entraîne pas ici la nullité du contrat. Ainsi supposons que le vendeur ait exagéré, même sans manœuvres frauduleuses, son chiffre d'affaires, l'acquéreur aura le droit non de faire annuler la vente, mais de faire réduire le prix par le Tribunal.

Capacité. — 32. 2° La capacité des contractants. Rappelons à ce propos que le mineur émancipé, autorisé à faire le commerce, peut acheter ou vendre un fonds sans une autorisation nouvelle et spéciale. Il en est de même pour la femme mariée; et nous savons que celle-ci, depuis la loi du 13 juillet 1907 sur le libre salaire de la femme mariée, n'a plus besoin de l'autorisation maritale lorsque le fonds de commerce est acheté avec le produit des économies qu'elle a réalisées sur son travail personnel.

Objet. — 33. Il faut, à côté du consentement et de la capacité des parties, cela va sans dire, 3° un objet de la vente et qui n'est autre évidemment que le fonds de commerce lui-même. Nous savons que la vente d'un fonds de commerce comprend les éléments constitutifs de ce fonds, c'est-à-dire la clientèle et l'achalandage, le nom commercial, l'enseigne et les marques ; le matériel et le mobilier ; le droit au bail et les marchandises. En général, on vend séparément les marchandises afin de bénéficier d'un prix d'enregistrement réduit (loi du 28 février 1872).

34. Mais l'objet du commerce doit être licite et moral, sinon la vente ne pourrait être valable.

35. D'autre part, si le fonds vendu doit être exploité par une personne munie d'un

diplôme, tel qu'une pharmacie, la vente à une personne non diplômée serait nulle.

Quant aux commerces dont l'exploitation serait subordonnée à une déclaration ou à une autorisation, si l'acheteur n'est pas autorisée la vente est nulle.

II. Obligations du Vendeur

Transfert de la propriété. — 36. Le vendeur doit d'abord transférer la propriété du fonds de commerce à l'acquéreur. La propriété est transférée par le seul effet de la convention, mais, si elle est transférée vis-à-vis des parties, l'est-elle également vis-à-vis des tiers, des créanciers, en l'absence de publication de l'acte de vente ? Oui, assurément. L'acheteur devenu propriétaire du fonds par le seul effet de la convention n'acquiert les divers éléments qui le composent que par les modes de transmission qui leur sont propres : mise en possession réelle pour les meubles corporels, c'est-à-dire matériel et mobilier, marchandises et tous accessoires corporels du fonds et tous accessoires, y compris les livres et autres documents (civ. art. 1141); signification au propriétaire pour le droit au bail, si le bail ne contient pas de clause particulière obligeant le commerçant locataire à obtenir son consentement écrit pour vendre son fonds (Civ. art. 1690).

Délivrance. — 37. Le vendeur doit ensuite opérer la délivrance. Au sujet de la délivrance de la clientèle, disons qu'elle s'opère par la faculté que le vendeur donne à l'acquéreur d'en user. Le cédant doit en faciliter la transmission, notamment en mettant à sa disposition ses livres de commerce, au cas où ils ne seraient pas compris dans la vente.

Garantie. — 38. Une dernière obligation du vendeur est de garantir son acquéreur de l'éviction et des troubles de droit, c'est-à-dire des agissements d'une personne qui se prétendrait propriétaire du fonds ou d'une partie ou de certains avantages. Le cédant aurait encore à répondre des vices cachés s'il en existe. Enfin il est aussi garant de son fait personnel, devoir qui comporte pour lui l'interdiction de se rétablir, du moins dans un certain rayon. Cette obligation doit toujours faire l'objet d'une clause particulière de l'acte de vente.

III. Obligations de l'Acheteur

Prise de possession. — 39. L'acheteur doit prendre livraison de la chose. A défaut, y a-t-il résiliation de plein droit conformément à la règle en matière de vente d'effets mobiliers (Civ. art. 1657) ? La jurisprudence, tendant à assimiler sur ce point le fonds de commerce aux effets mobiliers, admet plutôt cette règle de la résiliation de plein droit.

Paiement du prix. — 40. L'acheteur d'un fonds de commerce doit payer le prix et les frais de la vente (art. 1593 Civ.). Le vendeur a les garanties habituelles du vendeur de meubles non payé : le droit de rétention, le droit de revendication, le privilège et le droit de résolution.

Le *droit de rétention* consiste dans la faculté pour le vendeur de ne pas « délivrer la chose si l'acheteur n'en paie pas le prix et que le vendeur ne lui ait pas accordé un délai pour le paiement ». (Civ. art. 1612).

Le *droit de revendication* donne au vendeur la faculté de reprendre la chose tant qu'elle est en la possession de l'acheteur et d'en empêcher la revente si la revendication est faite dans la huitaine de la livraison et si la chose se trouve dans l'état où elle a été livrée. (Civ. art. 2102-4° § 2).

Le *privilège du vendeur* de meubles donne à celui-ci le droit d'être payé avant tous autres sur le prix de vente du fonds, si le fonds est encore en possession du débiteur, soit qu'il ait acheté à terme ou sans terme (Civ. art. 2102-4° § 2). Le privilège du vendeur ne s'exerce toutefois qu'après celui du propriétaire de l'immeuble, à moins qu'il ne soit prouvé qu'il avait connaissance que les meubles et autres objets, le fonds de commerce n'appartenaient pas au locataire (ibid. § 3). Nous verrons que la loi nouvelle a modifié les conditions d'existence du privilège.

Le *droit de résolution* de la vente pour défaut de paiement du prix permet au vendeur de faire prononcer par le tribunal la résolution de la vente (Civ. art. 1654).

Voir plus loin les obligations spéciales de l'acquéreur créées par la loi du 17 mars 1909 (n°s 127-153).

Preuve de la vente.— 41. Ajoutons que

la vente d'un fonds de commerce, étant un acte de commerce, pourra être prouvé par témoins (art. 109 du Code de commerce).

APPENDICE I

Intermédiaires dans la Vente des Fonds de Commerce

Définition.— 42. La vente d'un fonds de commerce est rarement faite directement par le propriétaire, mais le plus souvent par l'entremise d'un intermédiaire, soit occasionnel comme des amis ou des fournisseurs du commerçant, soit professionnel comme des agents d'affaires, des courtiers, des agences. Les intermédiaires sont donc les personnes qui mettent le vendeur et l'acheteur en rapport et qui, le plus souvent seront chargés par eux de la rédaction de l'acte et de l'accomplissement de toutes les formalités.

Responsabilité. — 43. L'intermédiaire est un mandataire tenu comme tel des obligations de droit commun dérivant de l'acceptation d'un mandat. S'il est salarié, ses obligations sont plus étroites que celles d'un mandataire ordinaire. Il répond alors de sa faute légère, c'est-à-dire qu'il doit apporter à sa mission tous les soins d'un bon père de famille, la diligence qu'un homme attentif et soigneux apporte communément à l'administration de ses affaires. En conséquence, il répond vis-à-vis de son mandant, vendeur ou acheteur, du dommage causé soit par l'inexécution totale ou partielle du mandat, soit par les fautes qu'il a commises dans sa gestion, et sa responsabilité doit être appréciée d'autant plus rigoureusement qu'il reçoit un salaire (art. 1991 et 1992 Code civil). L'intermédiaire répond en outre du dommage causé par sa faute à des tiers, aux créanciers par exemple, dans l'exercice de son mandat : tel sera le cas si les formalités dont il était chargé sont accomplies d'une façon irrégulière et sa responsabilité pourrait alors se traduire par une forte condamnation à des dommages-intérêts.

Prête-nom. — 44. Il advient parfois que le vendeur ou l'acheteur, obéissant à un mobile quelconque, ne veuille pas faire figurer son nom sur l'acte de vente qui ne contiendra que celui d'un prête-nom. Le prête-nom, à la différence de l'intermédiaire qui ne commet aucune faute, est obligé personnellement vis-à-vis des tiers, à moins que ceux-ci n'aient traité directement avec le véritable « maître de l'affaire » et que le prête-nom n'ait fourni que le moyen de donner une apparence de régularité à un contrat illicite.

Nom d'emprunt. — 45. Il ne faut pas confondre le prête-nom avec le nom d'emprunt. Le Tribunal de commerce du Hâvre dans une décision du 21 avril 1909 (Rec. Hâvre 1909. 1. 140 avec note) décide avec raison qu'il faut annuler les conventions des parties et notamment la vente d'un

fonds de commerce, lorsque l'une des parties contractantes, en l'espèce l'acquéreur,
a dissimulé son vrai nom et a traité sous
un nom d'emprunt, dans le but incontestable de cacher à ses vendeurs son passé
commercial et son état de faillite.

Ce sont des manœuvres dolosives, de nature à vicier les conventions et à en faire
prononcer la nullité (art. 1116 Civ.).

Preuve et compétence. — 46. L'intermédiaire professionnel est un agent d'affaires, un commerçant, et c'est le Tribunal de
commerce qui tranchera les difficultés
survenues à l'occasion du mandat. La
preuve du contrat pourra s'établir par tous
les moyens et même par témoins.

Salaire. — 47. L'intermédiaire peut exiger une rémunération, qui sera généralement fixée par la convention des parties,
sous la forme d'un « bon de commission ».
A défaut de stipulation du montant du salaire, la jurisprudence décide que le tribunal le fixe en tenant compte des peines
et soins et des débours de l'intermédiaire.
Pour que celui-ci ait droit à la commission, la vente doit avoir été faite par ses
soins. S'il s'était borné à mettre les parties
en rapport, sans traiter l'affaire, il n'aurait
droit qu'à un salaire pour ses peines et
soins.

48. A Nice, les usages veulent que la
commission soit de 5 % de la valeur du
fonds, règle qui ne fléchirait qu'au cas où
la valeur du fonds serait considérable, le
salaire serait alors fixé par le Tribunal.

49. La vente une fois conclue par l'inter-

médiaire donne droit au profit de celui-ci à la rémunération stipulée, *même si la vente vient à être annulée*, c'est du moins la règle générale (1).

Au cas où les honoraires stipulés paraîtraient au tribunal en disproportion avec le service rendu, la jurisprudence lui reconnaît le droit de les réduire.

A l'inverse du vendeur, l'intermédiaire n'a *aucun privilège* pour le paiement de son salaire, il *n'a pas* non plus le *droit de rétention* sur le prix consigné entre ses mains.

50. S'il avait été chargé par l'une des parties d'acheter et par l'autre de vendre, l'intermédiaire pourrait-il toucher de chacune des parties le montant intégral de la commission stipulée, soit une double commission ? C'est là, aux termes de la juris-

---

(1) L'agent d'affaires intermédiaire qui veut être payé de sa commission, n'a besoin ni de titre ni d'autorisation du juge pour faire opposition sur le prix de la vente, et le juge des référés auquel le vendeur du fonds demande à être autorisé à toucher son prix, malgré l'opposition de l'agent d'affaires, n'a pas à rechercher si le créancier opposant justifie d'un principe de créance. Il n'y a en effet rien de commun entre l'opposition de l'article 3-4° de la loi du 17 mars 1909 et la saisie-arrêt des articles 557 et suivants du Code de procédure civile. Voir un arrêt de la Cour de Paris du 21 décembre 1910 (Gaz. Trib., février 1911, p. 185). — Contra. Trib. Paix Trouville 4 juin 1909 (Mon. Lyon 13 nov. 1909) décision isolée.

prudence, une question que le tribunal aurait à solutionner dans chaque espèce eu égard aux circonstances de la cause.

APPENDICE II

Bail d'un Fonds de Commerce

51. On peut être amené à donner à bail un fonds de commerce, dans le cas, par exemple, où l'héritier du commerçant n'a pas encore atteint l'âge de 15 ans qui est celui de l'émancipation, opération qui permet au mineur de faire le commerce. Le tuteur donnera le fonds à bail jusqu'à l'époque de l'émancipation.

Ce sera le louage ordinaire, le bailleur sera donc garant de son fait personnel, ne pourra donc se rétablir, de même que le locataire ne pourra créer un établissement concurrent pendant la durée du bail.

Le bailleur a un privilège pour le paiement de ses loyers, sur la partie des loyers correspondant au bail du local et seulement sur les objets du fonds dont il n'est pas propriétaire. Il reprendrait son fonds dont il a conservé la propriété si le locataire tombait en faillite.

APPENDICE III

Usufruit d'un Fonds de Commerce

52. Par usufruit, on entend le droit de jouir d'une chose dont un autre a la propriété, aussi complètement que le propriétaire lui-même, c'est-à-dire d'user et de recueillir les fruits, et au nombre des fruits, on entendra les bénéfices d'un commerce. L'usufruitier doit pourtant conserver la substance de la chose (art. 578 du Code civil), et ne peut ni en disposer ni l'aliéner, ni la dénaturer.

Rarement, le commerçant vendra l'usufruit de son fonds, le cas le plus ordinaire sera l'usufruit légal. Supposons un fonds de commerce faisant partie d'une succession ou d'un legs échu à un enfant mineur de 18 ans et non émancipé, les revenus de ses biens, partant les bénéfices du fonds, appartiennent à ses père et mère, c'est l'usufruit légal (art. 384 du Code civil). Choisissons un autre exemple d'usufruit légal. Le conjoint survivant trouve dans la succession de l'époux prédécédé un fonds de commerce, l'article 767 du Code civil lui donne, au cas où des enfants sont issus du mariage commun, droit à l'usufruit d'une partie de la succession.

Droits et obligations. — 53. L'usufruitier d'un fonds de commerce en usera suivant sa destination. Il sera donc le véritable commerçant et à titre de conséquence l'usufruitier pourra être déclaré en faillite ou en liquidation judiciaire. Dans l'actif de la faillite ou de la liquidation figurera le droit d'usufruit lui-même, mais non point les éléments constitutifs du fonds qui appartiennent au nu-propriétaire, le mineur ou le conjoint suivant dans les exemples choisis.

CHAPITRE II

Privilège du vendeur

54. Le vendeur d'un fonds de commerce, comme tout vendeur de meubles, jouit, en vertu du Code Civil, d'une quadruple garantie : il a le *droit de rétention*, le *droit de revendication*, un *privilège* et un *droit de résolution*. Le paiement du prix n'était cependant garanti dans ces conditions que d'une manière illusoire, puisqu'en cas de faillite de l'acheteur, le privilège et le droit de résolution étaient inopposables à la masse des créanciers. La loi du 17 mars 1909 est venu parer à cette insuffisance, et a établi le crédit de l'acheteur vis à vis du vendeur sur une base solide. Elle organise d'une façon précise le privilège et l'action résolutoire.

Occupons-nous d'abord du privilège, et examinons successivement son existence, son étendue, son inscription et son exercice.

Section I

EXISTENCE DU PRIVILÈGE

55. La loi du 17 mars 1909 est plus rigoureuse que le Code civil à l'égard du vendeur, mais dans l'intérêt même de celui-ci. Tandis que la législation antérieure n'exigeait même pas un écrit, la loi Cordelet subordonne l'existence du privilège à une double condition (article 1er § 1) :

1° *Vente par écrit et enregistrée.* — La vente du fonds doit être faite par écrit, et l'acte de vente doit être soit authentique, c'est-à-dire passé devant un notaire, soit sous seing privé c'est-à-dire écrit par l'une des parties sur une feuille timbrée à 60 centimes. Le législateur a voulu prévenir, en constatant la vente par écrit, toute contestation sur l'étendue du privilège du vendeur du fonds.

L'acte de vente doit en outre être enregistré : on sait que l'enregistrement est un des principaux moyens de donner la date certaine à un acte.

2° *Inscription au greffe.* — 56. Le privilège doit être inscrit sur un registre public tenu au greffe du Tribunal de commerce dans le ressort duquel le fonds est exploité. Cette publicité de l'inscription du privilège du vendeur permet à celui-ci d'user, sans préjudice pour les acquéreurs qui succèderont à l'acheteur actuel, débiteur de tout ou partie du prix du fonds, de son droit de suite que la loi lui recon-

naît expressément (art. 22-1°). L'inscription permet en outre d'opposer le privilège
à la faillite, à la liquidation judiciaire et à
la succession bénéficiaire de l'acheteur (art.
2-1°), contrairement aux dispositions du
Code de commerce auxquelles il a été dérogé dans l'intérêt bien entendu des commerçants.

57. Il est évident que si l'absence d'un
acte écrit ou bien le défaut d'enregistrement d'inscription fait obstacle à la nais-
sance du privilège du vendeur, il n'altère
en rien, comme nous avons dit en exposant
les principes généraux, la perfection de
*la vente qui existe dès les contractants sont
d'accord sur la chose et le prix.*

Section II

ETENDUE DU PRIVILÈGE

58. Le commerçant qui vend son fonds
rédigera ou fera rédiger l'acte de vente, le
fera enregistrer, puis fera inscrire son privilège. Mais pour s'assurer le maximum de
garantie possible, comment le vendeur ré-
digera-t-il son acte de vente et son bordereau d'inscription ?

Contenu de l'acte de vente. — Il faut
faire figurer dans l'acte de vente *tous les
éléments du fonds* sur lesquels le vendeur
veut avoir son privilège, par exemple les
marchandises, le matériel et le mobilier,
l'enseigne, etc. A défaut de désignation
précise, le privilège du vendeur ne portera

que sur les éléments incorporels (art. 1-2°)
c'est-à-dire l'enseigne et le nom commercial, le droit au bail, la clientèle et l'achalandage.

L'*acte de vente* doit en outre contenir
trois prix : 1° le prix des éléments incorporels du fonds, 2° le prix du matériel et mobilier, 3° le prix des marchandises. On
ajoutera ensuite les charges évaluées s'il y
a lieu, les conditions relatives aux intérêts,
à l'exigibilité.

« Il peut arriver, lors de la revente du
fonds, amiable, ou judiciaire, que le matériel ou les marchandises, ou même chacun de ces deux éléments, aient une valeur
estimative supérieure aux estimations qui
leur avaient été données dans l'acte d'acquisition, le privilège ne doit équitable-
ment porter que sur une valeur de marchandises égale à la valeur de celles comprises dans la vente, et, par suite, que sur
la portion du prix de la revente afférente à
la première estimation et déterminée par
une ventilation (c'est-à-dire une évaluation
des marchandises de la première vente
comparée à celle des marchandises de la revente qui pourra donner une modification
par exemple de 1/10ᵉ), ventilation ayant
pour base les deux estimations successives.
Le vendeur doit supporter sa part propor-
tionnelle de la dépréciation que le matériel
et les marchandises pourront supporter du
fait de la revente ».

Il y aura encore ventilation, *si l'acquéreur primitif du fonds a ajouté un ou plusieurs éléments*, tels qu'un brevet d'inven-

tion, une marque de fabrique. Le privilège du vendeur ne portera pas sur ces éléments nouveaux (art. 1-6°).

Sur quoi porte le privilège ? — 59. Le privilège du vendeur pourra s'exercer distinctement sur les prix respectifs de la revente afférents aux marchandises, au matériel et aux éléments incorporels du fonds (art. 1-4°) dans la limite que nous avons indiquée. Malgré toute convention contraire, les paiements partiels, autres que les paiements comptants, s'imputent d'abord sur le prix des marchandises, puis sur celui du matériel (art. 1-5°). Le législateur a ainsi dégagé plus vite du privilège du vendeur les marchandises et le matériel, qui sont la partie la plus apparente de l'actif de l'acquéreur. D'autre part, l'acheteur, qui peut être trompé sur la valeur réelle d'un fonds, le sera plus rarement sur le matériel et les marchandises qui sont choses apparentes. En laissant soumise aux risques d'insolvabilité la partie du prix total afférente aux éléments incorporels, on intéresse le vendeur à ne pas en surfaire la valeur et à choisir un acquéreur sérieux.

Section III

Inscription du Privilège

§ 1. *Délai.* — 60. Le privilège n'existe que s'il est inscrit. Dans quel délai doit se faire l'inscription ? Dans la quinzaine de l'acte de vente, à peine de nullité. La loi

du 17 mars 1909 est encore ici plus rigoureuse que le Code civil, dont l'article 2113,
soumettant les créances privilégiées à l'inscription dans un certain délai, telles que
celles du vendeur d'immeuble et du co-
partageant, n'annule pas le caractère privilégié mais donne rang à ces créances seulement à la date de leur inscription. Cette
sévérité de la loi Cordelet s'inspire des intérêts du commerce ; il faut, dit le rapporteur, « éviter que le vendeur, en retardant
l'inscription, laisse ignorer l'existence du
privilège aux tiers qui traitent avec son acquéreur et qui seraient fondés à croire que
le prix a été payé comptant ».

Succursale. — 61. Si dans l'acte de vente
se trouvent comprises des succursales, le
privilège du vendeur sur ces succursales
doit être inscrit, au grefle du tribunal de
commerce de chaque succursale, dans les
quinze jours si elles sont situées en France,
dans le délai d'un mois si elles se trouvent
en Corse ou en Algérie, de trois mois si
elles sont aux colonies (art. 4-1°).

Point de départ. — 62. De quel jour part
le délai ? Le jour de la signature de la
vente ne sera pas compris dans ce délai,
mais puisque la loi nouvelle n'accorde pas
un délai « franc », le jour de l'échéance
compte dans le délai, par conséquent le
quinzième jour après celui de la signature
de la vente sera le dernier où le vendeur
pourra utilement faire inscrire son privilège.

Faillite. — 63. Supposons que l'acquéreur du fonds soit déclaré en état de faillite

ou de liquidation judiciaire, quand partira le délai de quinzaine ? L'inscription doit-elle être antérieure au jugement déclaratif ? La règle n'est pas modifiée, la faillite ou la liquidation judiciaire de l'acquéreur du fonds survenue dans le délai de quinzaine n'empêche pas l'inscription prise dans ce délai de produire tous ses effets et d'être opposables à la faillite et à la liquidation (art. 2-1°).

Ce droit d'opposer l'inscription à la faillite, quoique en opposition apparente avec l'article 448 du Code de commerce qui interdit d'inscrire le privilège et les hypothèques après la faillite peut se recommander à titre de précédent de cette jurisprudence aux termes de laquelle un vendeur d'immeubles peut utilement inscrire son privilège même après le jugement déclaratif de faillite s'il est encore dans le délai de quarante-cinq jours imparti par la loi sur la transcription en matière hypothécaire (loi du 23 mars 1855, art. 6). Mais il est certain que c'est plutôt à une considération d'équité qu'aux principes juridiques que le législateur a obéi, car à son tour l'article 2146-1° du Code civil fait la même prohibition que le Code de commerce.

Succession bénéficiaire. — 64. Il en est de même en cas de mort de l'acheteur du fonds dont la succession est acceptée sous bénéfice d'inventaire. Le vendeur fait inscrire son privilège dans la quinzaine de l'acte de vente, et cette inscription opposable à la succession bénéficiaire de l'acquéreur, constitue elle aussi une dérogation aux principes. Aux termes de l'article 2146-2° du Code civil, la mort du débiteur, suivie de l'acceptation bénéficiaire de sa succession, arrête le cours des inscriptions des privilèges et des hypothèques. Il est évident que la loi ne pouvait refuser l'inscription du privilège à la suite de la succession bénéficiaire après l'avoir accordée à la suite de la faillite, au surplus le Code civil ne fait-il pas, au sujet de l'inscription des privilèges et hypothèques une assimilation complète entre la faillite et la succession bénéficiaire (art. 2146-1° et 2°).

§ 2. *Lieu.* — 65. L'inscription du privilège du vendeur se fait au Tribunal de commerce du lieu dans le ressort duquel le fonds est exploité (art. 1-1°).

Succursales. — Si le fonds de commerce avait des succursales et si celles-ci étaient vendues en même temps que la maison principale, l'inscription devrait être prise en outre dans chacun des ressorts où ces succursales ont leur siège (art. 4-1°). Il peut en effet s'y trouver des créanciers du vendeur.

Vente d'une succursale unique. — 66. Si l'objet de la vente est seulement une succursale du fonds, où le vendeur doit-il inscrire son privilège ? La loi est muette sur ce point, mais il est certain que l'inscription aura lieu au greffe du tribunal de la succursale, faut-il aussi la faire au greffe de la maison principale ? Sans doute. Le rapport de M. Cordelet, auteur de la loi, consacre implicitement cette opinion, car il exige deux élections de domicile, l'une dans le ressort de la succursale, l'autre dans le ressort de l'établissement principal. « La publication, dit-il, devra contenir élection de domicile dans le ressort où elle se trouve en même temps que dans le ressort du tribunal de la situation de l'établissement principal. Cette succursale peut avoir ses créanciers propres ; il a paru juste de ne pas les obliger à aller plaider et réclamer leur droit au siège social ».

Marques de fabrique, dessins, modèles. — 67. Si dans la vente du fonds se trouvent des marques de fabrique ou de commerce, des dessins ou modèles industriels, le vendeur doit inscrire son privilège non seulement au greffe du tribunal de commerce mais encore à l'Office national de la propriété industrielle, sur la production du certificat d'inscription délivré par le greffier. Cette deuxième inscription doit avoir lieu dans un nouveau délai de quinzaine qui court à partir de la première inscription faite au tribunal. L'omission de cette seconde inscription dans le délai entraîne la nullité à l'égard des tiers, des ventes, cessions ou nantissements, en tant qu'elles s'appliquent aux brevets, marques, dessins ou modèles (art. 24-3°). Cette inscription a été imposée sur la demande de la Chambre de Commerce de Paris qui avait exprimé ce vœu dans sa délibération du 12 mars 1904.

§ 3. *Formalités de l'inscription.* — 68. Nous savons dans quel délai et où le vendeur doit inscrire son privilège, mais quelles formalités précises nécessite cette inscription ? La vente peut avoir été faite par acte notarié ou sous seing privé c'est-à-dire rédigé par les parties elles-mêmes ou par un intermédiaire.

Vente notariée. — S'il s'agit d'une vente notariée, le vendeur remet ou fait remettre par un tiers au greffe du Tribunal de commerce : 1° la grosse (copie de l'acte contenant dans sa disposition finale la formule exécutoire permettant de saisir le débiteur qui à l'échéance n'exécute pas ses engagements) de l'acte de vente ou bien une simple expédition (c'est-à-dire une copie sans formule exécutoire) de l'acte de vente ; 2° deux bordereaux dressés sur papier libre. « L'un d'eux peut être porté sur l'original ou l'expédition du titre ». Ces bordereaux contiennent :

I. Les noms, prénoms et domicile du vendeur et de l'acquéreur, ainsi que du propriétaire du fonds si c'est une autre personne, hypothèse peu pratique du reste (il est possible, en effet, que le vendeur ne soit pas propriétaire, il peut être, comme nous l'avons vu, un simple usufruitier, et c'est l'usufruit et non la pleine propriété qu'il vendra), leur profession, s'ils en ont une ;

II. La date et la nature du titre, en vertu duquel on requiert l'inscription ;

III. Les prix de la vente établis distinctement pour le matériel, les marchandises et les éléments incorporels du fonds, ainsi que les charges évaluées, s'il y a lieu, les conditions relatives à l'exigibilité ;

IV. La désignation du fonds de commerce et de ses succursales, s'il y a lieu, avec l'indication précise des éléments qui les constituent et sont compris dans la vente, la nature de leurs opérations et leur siège, indépendamment des autres renseignements propres à les faire connaître. Si la vente s'étend à d'autres éléments du fonds de commerce que les éléments incorporels, c'est-à-dire l'enseigne, le nom commercial, le droit au bail et la clientèle, ces éléments doivent être nommément désignés ;

V. Election de domicile par le vendeur dans le ressort du tribunal de la situation du fonds (art. 24-1° et 2°). Ainsi le vendeur ne pourra pas disparaître, ni partant se soustraire à ses obligations éventuelles.

Ces formalités ont pour objet d'individualiser le vendeur et l'acquéreur, de désigner clairement le fonds de commerce avec ses succursales et ses éléments divers et de faire connaître le titre et les conditions de la vente.

Changement d'élection de domicile. — 69. Si le vendeur, au cours de l'existence de son privilège, avait besoin de changer de domicile élu, ne le pourrait-il pas ? Assurément, la loi de 1909 ne le dit pas, mais les travaux préparatoires sont en ce sens : « Aux termes d'une décision ministérielle du 28 pluviôse, an XI, dit le rapporteur au Sénat, le conservateur des hypothèques peut mentionner en marge de l'inscription le changement de domicile élu, en vertu d'une déclaration signée par le créancier sur le registre ou reçue par un notaire. Cette décision paraît tout à fait applicable en notre matière ».

70. Quand le greffier a reçu ces pièces, il les mentionne au registre d'entrée et appose le numéro d'ordre du registre sur chacune d'elles. Il transcrit ensuite littéralement sur le registre d'inscription le contenu des bordereaux et certifie la transcription au pied d'un de ces bordereaux qui est rendu quelques jours après à la personne qui a fait inscrire le privilège. Le greffier restitue de même la grosse ou l'expédition de l'acte de vente (article 25).

Vente sous seing privé. — 71. S'il s'agit d'une vente sous seing privé, les formalités de l'inscription sont les mêmes que pour la vente notariée, à cette différence près que le greffier garde l'original de l'acte de vente. Il donne à la place au requérant l'expédition qu'il fait lui-même de l'acte de vente sous-seing privé.

Le greffier aura en outre à dresser l'acte de dépôt du sous seing privé. Il remet donc au requérant et l'expédition de l'acte de vente sous seing privé et un des deux bordereaux au pied duquel il certifie la transcription (art. 25).

Privilège du vendeur et nantissement. — 72. Il peut arriver qu'un vendeur exige et obtienne de son acheteur, en outre du privilège conféré par la loi, un nantissement sur le fonds : la chose sera rare, car l'acquéreur s'enlèverait presque tout crédit dès le début de son exploitation. Dans ce cas, le seul titre de l'acte de vente suffit au greffe pour la transcription du privilège et du nantissement, mais il faut toujours deux bordereaux pour le privilège et deux pour le nantissement.

§ 4. *Radiation*. — 73. Si le vendeur ne cède pas le rang de son privilège à une autre personne par l'antériorité, ou s'il ne se substitue personne par la subrogation, toutes opérations qu'il peut être amené à faire pour améliorer son crédit, il peut rayer son privilège, s'il est par exemple payé du prix, en tout ou en partie. Il procède alors à la radiation totale ou partielle. Ces radiations doivent être faites par actes authentiques, notariés, contenant consentement du vendeur ou de son subrogé à la radiation, ou par jugement qui ne soit plus susceptible d'appel ou d'opposition. (1).

Formalités. — 74. 1° Si la radiation résulte d'un acte notarié, le vendeur ou le plus souvent l'acquéreur, car c'est l'acquéreur seul qui aura intérêt à la radiation, donnera au greffe l'expédition de l'acte, avec la signature du notaire légalisée. Si elle résulte d'un jugement, on en donne

---

1. L'article 29 exige pour la radiation soit un *jugement définitif* soit le *consentement des parties* intéressées donné par acte *authentique*.

Le Tribunal de Commerce de la Seine a rendu à ce sujet, le 28 avril 1911 (Voir la *Loi* du 10 juin 1911), une intéressante décision, que sa brièveté nous permet de reproduire in-extenso :

« Attendu qu'il ressort des termes mêmes de la demande, que la créance à raison de laquelle Morin, syndic, avait pris inscription du privilège, n'est pas éteinte ; qu'en effet si Montel

l'expédition ainsi qu'un certificat de non-opposition ou d'appel délivré par le greffe du tribunal qui a rendu le jugement c'est-à-dire le Tribunal seulement de l'établissement principal au cas où l'action en radiation porte sur un fonds en même temps que sur ses succursales, ou bien on donnera toutes autres pièces établissant que le jugement est définitif, notamment une déclaration du vendeur qu'il ne fait pas appel ou opposition au jugement. Pour mettre à couvert sa responsabilité, le greffier gar-

---

excipe de ce que certain arrangement serait intervenu entre lui et certain tiers porteur de billets qui auraient été créés en mobilisation de sa dette vis à vis de la Société Lussaud et Cie, ces arrangements ne seraient, en aucun cas, opposables à la Société Lussaud et Cie, seule créancière au regard de Montel, du prix de vente du fonds ; que dès lors Montel ne justifiant point s'être libéré du montant du prix de vente, il n'y a point lieu d'ordonner radiation de l'inscription de privilège, et ce, sans même qu'il y ait à rechercher si Morin peut encore avoir actuellement les qualités de syndic, qui lui sont attribuées, alors qu'il a rendu son compte aux créanciers le 30 octobre 1909.

« Par ces motifs, déclare Montel non recevable en sa demande, l'en déboute et le condamne aux dépens ».

A l'occasion de la radiation de l'inscription, il est intéressant de savoir ce qu'il faut entendre par acte authentique. L'acte authentique est celui qui émane d'une personne revêtue d'un caractère public. Ce caractère peut se manifester d'une façon directe, pouvoir constituant, législatif, administratif, judiciaire et di-

dera toutes les pièces produites et pourra
exiger une réquisition, c'est-à-dire une demande régulière et écrite de la radiation.

2° Le greffier vérifie ensuite les titres et
les qualités des parties, il exige au besoin
la production de toutes pièces nécessaires
à la justification des pouvoirs ou autres titres des personnes donnant la main-levée.
Les greffiers étant responsables(articles 32
et 33) du préjudice causé par une radiation
irrégulière, ne sauraient prendre trop de
précautions quand le requérant ne leur est

---

plomatique — ou indirecte, c'est-à-dire délégué
par le pouvoir central : *notaires, huissiers,
greffiers.*

Les manifestations directes donnent les lois
constitutionnelles, — les lois non constitutionnelles, — les actes administratifs : ordonnances
et décrets rendus par le chef de l'Etat, arrêtés
des ministres, préfets, conseils de préfecture,
etc., actes consignés dans les registres publics
— les *actes judiciaires.* Par actes judiciaires
faut-il entendre seulement les jugements ? La
question a un très grand intérêt au point de vue
de la radiation de l'inscription. Sont encore
actes authentiques et font foi jusqu'à inscription de faux : le procès-verbal du juge-commissaire dans une faillite (Cass. 13 mars 1850, D.
50. 1.320), le bordereau de collocation (Toulouse, 4 mars 1864, D. 64. 2.72), les sentences
arbitrales rendues exécutoires par l'autorité
judiciaire (Cass. 7 janvier 1857, D. 57. 1.406),
les procès-verbaux de conciliation où le juge de
paix constate l'accord entre les parties, actes
qui sont authentiques quant à la preuve, *so-
lemnia probantia,* mais dépourvus de force exécutoire.

pas connu, car une radiation irrégulière détruit l'œuvre de toute la loi du 17 mars 1909 et peut ruiner un vendeur dont le fonds était toute la fortune.

3° Le greffier mentionne sur le registre d'entrée toutes les pièces produites et appose sur chacune d'elles le numéro d'ordre du registre :

4° Il mentionne la radiation en marge de l'inscription, dans la dernière colonne en spécifiant si elle totale ou partielle, et si elle est partielle il inscrit le montant de la radiation. Il rappelle le numéro d'entrée, il date et signe :

5° Il rédige le certificat de radiation qu'il remet, et garde toutes les pièces produites (articles 26 et 29 de la loi, et décret du 28 août 1909).

Sur la radiation partielle ou réduction, les travaux préparatoires ne fournissent aucune indication.

Radiation à l'office du travail. — 75. La radiation à l'office du Travail est opérée sur la production du certificat de radiation délivré par le greffier du tribunal de commerce (art. 29-3°).

76. Tous les frais d'inscription et de radiation sont à la charge du débiteur, c'est l'application des principes généraux (Civ. art. 1248).

§ 5. *États d'inscription et certificats négatifs.* — 77. Le public peut-il connaître l'état des inscriptions d'un fonds de commerce ? Le premier venu peut-il demander au greffe du tribunal de commerce si un fonds est grevé du privilège du vendeur ou de nantissements ? Assurément, la loi du 17 mars 1909 a donné au régime des fonds de commerce la plus large publicité, pour que chacun puisse être complètement renseigné.

78. Quelles sont les formalités à remplir pour avoir ces renseignements certains ? Il faut rédiger sur papier libre une demande, appelée réquisition, et contenant les noms du propriétaire du fonds de commerce, son siège et toutes les indications utiles pour permettre au greffier d'effectuer les recherches. Dans les greffes importants on trouve des formules imprimées que l'on remplit. La demande sera datée et signée. Le greffier fera alors les recherches sur les répertoires alphabétiques depuis le 1er mars 1898, date de la première loi ordonnant l'inscription des nantissements ; cependant les recherches pourraient se limiter aux dates indiquées sur la réquisition. Enfin, le greffier rédigera l'état et mentionnera sommairement, par ordre chronologique, le contenu des inscriptions en ne reproduisant que les énonciations prévues par l'article 24 de la loi du 17 mars 1909, c'est-à-dire les mentions figurant au bordereau d'inscription que nous avons étudié à propos des formalités de l'inscription (n° 68). Si les recherches donnent un résultat négatif, ne révèlent aucune inscription, le greffier délivrera un certificat négatif.

, 79. Pour ne pas engager sa responsabilité, le greffier n'oubliera pas de mentionner, dans l'état des inscriptions ou dans le certificat négatif, le nom du requérant, la date de la délivrance de l'état ou du certificat, date qui doit être la même que celle de la réquisition, la date des recherches, s'il y a lieu. Le greffier ne mentionne aucune pièce au registre d'entrée.

On comprend tout l'intérêt qui s'attache à la connaissance de l'état d'inscription d'un fonds de commerce. Un fournisseur a besoin de savoir s'il peut faire crédit à un commerçant, un capitaliste est sollicité par le commerçant de lui consentir un prêt, avant de faire crédit et de prêter, ils requerront du greffier un état d'inscription qui leur apprendra si le fonds est déjà grevé pour tout ou partie de sa valeur, auquel cas vraisemblablement ils refuseront le crédit ou le prêt, ou bien si le fonds est libre de toutes charges, situation qui leur permettra de faire l'opération sollicitée par le commerçant.

§ 6. *Effets de l'inscription.* — 80. L'inscription au greffe a pour effet de conserver le privilège du vendeur pendant cinq années à compter du jour de sa date (article 28-1°). Remarquons que cette disposition qui s'inspire visiblement de la législation de l'hypothèque immobilière (art. 2154 du Code civil) et de celle de l'hypothèque maritime (article 11 de la loi du 10 juillet 1885), s'en écarte cependant quant à la durée du privilège qui n'est plus que de cinq années au lieu de dix.

Calcul du délai. — 81. Quels vont être exactement le point de départ et le terme de ce délai de cinq années ? Il faut, pour répondre, nous reporter à la jurisprudence en matière hypothécaire. Le jour où le vendeur a fait inscrire son privilège au greffe, c'est-à-dire, pour nous servir de la formule usitée au Palais, le *dies a quo*, n'est pas compris dans ce délai, mais on doit y comprendre le dernier jour des cinq années, ou *dies ad quem*, dernier jour où l'inscription puisse être valablement renouvelée. Ainsi une inscription prise le 10 mai 1909 conservera son effet jusqu'au 10 mai 1914, dernier dans lequel elle pourra valablement être renouvelée, mais le 11 mai il serait trop tard, le vendeur ne primerait plus le créancier gagiste dont la nantissement serait inscrit avant son privilège. Un autre exemple, un vendeur fait inscrire son privilège sur le fonds le 13 mai 1911, l'inscription conservera son effet jusqu'au 13 mai 1916, qui sera le dernier jour utile pour le renouvellement.

Intérêts. — 82. L'inscription conserve le privilège pendant cinq ans, avec un rang privilégié pour le capital dans ce délai ; mais cette faveur s'étend-elle aux intérêts ? Ils ne sont privilégiés que pour deux années (art. 28-2°). La loi Cordelet reproduit la disposition relative aux intérêts de l'hypothèque maritime (art. 13 loi 10 juillet 1885). A ces deux années d'intérêts, on ajoutera évidemment l'année courante, conformément à la règle posée par la loi de 1885 à laquelle la loi de 1909 a emprunté sa disposition.

83. Quel sera le taux des intérêts ainsi conservés ? Les opérations relatives aux fonds de commerce étant des actes de com-

merce, ce sera le taux commercial. On sait que la loi du 12 janvier 1886 a supprimé le délit d'usure en matière commerciale et a, partant, rendu absolument libre le taux de l'argent pour les actes de commerce ; le vendeur pourra donc stipuler de l'acheteur le taux d'intérêt qu'il lui plaira. A défaut de stipulation, la loi du 7 avril 1900 fixe l'intérêt légal, en matière de commerce, à 5 %.

§ 7. *Renouvellement de l'inscription.* — 84. Nous savons que l'inscription doit être renouvelée avant l'expiration du délai de cinq ans, et qu'à défaut, « son effet cesse », dit l'article 28-1°.

Quelle serait la situation d'un vendeur qui n'aurait pas renouvelé son privilège dans le délai ? Le privilège n'est pas anéanti. Le vendeur perdra seulement son rang, il pourra toujours prendre une nouvelle inscription tant que le fonds sera dans les mains de son débiteur. Si celui-ci l'avait revendu, le vendeur primitif pourrait prendre une nouvelle inscription tant que le second vendeur, son débiteur, n'aura pas inscrit son privilège. En ce sens Dalloz.

Formalités. — 85. Pour que l'inscription prise en renouvellement soit valable, il faut que les bordereaux indiquent que l'inscription est prise en renouvellement de celle qu'il s'agit de conserver, et désignent cette inscription à renouveler. Le créancier n'est pas obligé de produire de nouveau au greffier le titre en vertu duquel l'inscription primitive a été prise, mais il remettra les deux bordereaux dont nous avons parlé aux formalités de l'inscription (n° 68). Si les mentions de l'inscription prise en renouvellement contenaient des inexactitudes relativement par exemple à la désignation du débiteur, à la condition qu'elles ne soient pas de nature à induire en erreur sur son identité ni le greffier ni les tiers, il n'en résulterait aucune nullité. Si le fonds a, depuis l'inscription primitive, été plusieurs fois vendu, le créancier n'est pas obligé de faire figurer dans son inscription en renouvellement les noms de tous les acquéreurs successifs. Les frais de l'inscription en renouvellement restent à la charge du débiteur, comme ceux de l'inscription primitive (n° 76).

Section IV

Exercice du Privilège

86. Le privilège du vendeur non payé d'un fonds de commerce engendre à son profit un droit de préférence sur les autres créanciers, et un droit de suite sur ce fonds entre les mains de tous détenteurs. Ce privilège, nous l'avons déjà dit, s'exerce séparément et sur le prix de la revente des marchandises, et sur celui du matériel et sur celui des éléments incorporels du fonds (art. 1-4°).

Le droit de préférence résultant du privilège nous amène à parler de la faillite de l'acquéreur, le droit de suite aura pour conséquence la purge des créances inscrites et la surenchère du dixième au profit des créanciers inscrits.

A. Droit de préférence. — Faillite de l'acquéreur

Situation antérieure. — 87. Nous avons expliqué quelle était, sous l'empire de la législation antérieure, la déplorable situation du vendeur d'un fonds non payé lorsque son acquéreur tombait en faillite avant le paiement du prix. Le privilège qu'il tenait de l'article 2102-1° du Code civil, il ne pouvait l'exercer à l'encontre de la faillite, il devenait en conséquence un simple créancier chirographaire destiné à être payé en monnaie de dividende.

Remède apporté par la loi nouvelle. — 88. La loi du 17 mars 1909 a remédié à cette situation et décidé (art. 2-1° et 7°) que l'article 550-6° du Code de commerce ne serait pas opposable à l'acheteur qui serait désormais payé par préférence aux autres créanciers. Le droit de préférence portera sur tous les éléments qui figurent dans l'acte de vente et les bordereaux, y compris les marchandises si elles y figurent déjà. On sait que celles-ci ne peuvent faire l'objet d'un nantissement, et le sénateur Milliard voulait les exclure du privilège du vendeur au cas de faillite, la commission et le Parlement repoussèrent cette exclusion, à raison de cette considération que le privilège existe dès le début de l'ex-

ploitation du fonds par l'acquéreur et que
ses fournisseurs sont fatalement appelés à
connaître le privilège puisque le fonds
change de mains, tandis que le nantissement intervient plus tard et que rien ne
pourra au moment de son inscription ap-
peler l'attention des fournisseurs. D'autre
part, il eût été inique de soustraire les marchandises au privilège, car dans certains
commerces, elles constituent la principale
ou peut-être la seule valeur du fonds, par
exemple dans le commerce de nouveautés
ou de bijouterie.

*Le privilège du créancier inscrit doit-il
être vérifié par la faillite ?* — 89. Ce
droit de préférence, ainsi que nous l'avons
déjà dit, peut porter sur tous les éléments
du fonds, et est opposable à la faillite,
pourvu que le privilège ait été inscrit dans
la quinzaine de l'acte de vente, c'est ce que
nous avons dit à propos du délai de l'inscription. Mais la faillite étant ouverte, le
vendeur doit-il faire vérifier sa créance
en assemblée des créanciers présidée par le
juge-commissaire à l'effet de faire décider
s'il n'y a pas de privilèges sur le fonds qui
soient préférables au sien ? Question très
importante et sur laquelle la loi est muette. Le vendeur est-il absolument indépen-
dant de la faillite, en sorte qu'il n'ait pas à
s'en occuper et doive rester absolument
étranger à ses opérations ? Nous ne connaissons qu'un seul jugement rendu sur la
question et il la tranche à l'encontre du
vendeur : c'est celui du Tribunal de com-

merce de Nice (1) en date du 7 février 1911
(*Petites Affiches des A.-M.*, 11 fév. 1911).

B. *Droit de suite. — Purge. — Surenchère du dixième*

Inconvénients d'un fonds grevé. Purge.
— 90. Le privilège du vendeur suit le
fonds en quelques mains qu'il passe (art.

---

(1). Quoiqu'il s'inspire visiblement de deux
arrêts de Cour d'appel, ce jugement n'est pas à
l'abri de toute critique. En effet, de ces deux
arrêts, l'un, celui de la Cour de Paris du 10
décembre 1908 (D. 1909. 2.191), est antérieur à
la loi nouvelle qui, on le sait, a posé des principes absolument nouveaux ; l'autre, celui de
la Cour d'Aix du 27 avril 1910 (*Journal des
Faillites*, mars 1910, p. 203), a été rendu, il est
vrai, sous l'empire de la loi nouvelle, mais il
s'agissait dans l'espèce non pas d'un créancier
nanti, mais d'un cuisinier auquel la Cour
donna la préférence sur les autres créanciers
privilégiés. Ces arrêts ne fournissent donc pas
d'arguments d'analogie dont le caractère ne
saurait être entièrement décisif. Le premier
système est développé par le jugemient en ces
termes :
« Attendu que l'article 15 § 3 de la loi du 17
mars 1909 ne dit nullement que par cela seul
qu'au moment du jugement (ordonnant la
vente à la requête du créancier nanti) il n'y a
pas de créanciers inscrits ou opposants le créancier nanti est en droit de toucher directement
le prix d'acquisition ;
« Que cet article dispose simplement que le
« tribunal de commerce peut, par la décision
rendue, autoriser le poursuivant, s'il n'y a pas

22-1°). Les tiers détenteurs tels que les acheteurs successifs, vont donc être poursuivis, en tous cas ils n'auront qu'un fonds grevé de charges qui les exposent entre autres ennuis à des poursuites. La loi leur reconnaît-elle le droit de parer à ces inconvénients, peuvent-ils débarrasser le fonds du privilège du vendeur et de toutes autres charges ? Pour se garantir des poursuites,

---

d'autre créancier inscrit ou opposant et sauf prélèvement des frais privilégiés au profit de qui de droit, à toucher le prix directement et sur sa simple quittance soit de l'adjudicataire, soit de l'officier public vendeur selon le cas en déduction ou jusqu'à concurrence de sa créance en principal et frais ».

« Attendu que si au moment de la vente une opposition se produit, il est certain qu'on ne se trouve plus dans les conditions voulues pour que le créancier nanti touche directement le prix d'acquisition, qu'on ne saurait laisser le créancier nanti seul juge des privilèges qui peuvent primer le sien ;

« Attendu qu'en l'espèce le syndic a formé opposition avant la vente, que cette opposition devait avoir pour effet d'empêcher tout versement direct aux mains du créancier nanti poursuivant, qu'il se peut en effet que le créancier nanti soit lui-même primé par d'autres créanciers privilégiés ;

« Qu'il y a lieu par suite de décider que le prix moyennant lequel Simon a été déclaré adjudicataire du fonds de commerce dont s'agit a été à tort payé directement à Paul Simon, créancier nanti, que ce prix devra être versé au syndic représentant la masse des créanciers, et qu'il ne sera restitué au créancier nanti que

les tiers détenteurs ont la faculté de procéder à la purge du fonds. C'était la seule manière de concilier les deux intérêts en présence : celui des créanciers privilégiés dont le gage passe en d'autres mains, et celui de l'acquéreur, qui pourrait se voir dépouiller par les créanciers inscrits, s'ils exerçaient leurs droits.

Pour empêcher la vente à vil prix, l'art.

---

sous déduction des privilèges pouvant primer le sien ».

Le système opposé qui dispense le créancier inscrit, vendeur ou nanti, de toute vérification à la faillite, semble assez logique et conciliable ou en harmonie avec les termes de la loi du 17 mars 1909, si l'on s'attache surtout à cette idée qu'elle est avant tout en faveur du vendeur et des créanciers gagistes. Le 9 septembre 1909, un jugement du Tribunal de commerce de Nice autorisait le créancier nanti à faire vendre aux enchères le fonds « et à toucher directement et sur sa simple quittance de l'adjudicataire, sauf prélèvement des frais privilégiés, le montant du prix de vente en déduction ou jusqu'à due concurrence de sa créance, en principal, intérêts et frais ». Le jugement fut confirmé par la Cour d'Aix. La thèse doublement consacrée par ce jugement et cet arrêt a-t-elle été mise sérieusement en échec par le jugement postérieur déclarant la faillite du débiteur, et ce, par application des articles 546, 547 et 548 du Code de Commerce qui, dérogeant aux termes de l'article 443 du même Code, permettent au créancier gagiste de poursuivre la réalisation de son gage, en dehors de la faillite, sauf au syndic à user des droits que lui confèrent les textes cités plus haut. Cette opinion s'appuie sur un

23-1° permet aux créanciers inscrits de former une surenchère du dixième. Pour éteindre leurs privilèges et éviter ainsi une dépossession de l'acquéreur, l'article 22-2° investit ce dernier d'un droit de purge comme en matière immobilière. La purge sans doute entraîne des inconvénients. Elle

---

arrêt récent de la Cour de Besançon (9 février 1910, *Gazette du Palais*. 1910, 1.650) qui tranche une espèce ayant quelque analogie avec l'espèce actuelle.

A l'argument tiré des articles 15 et 7 de la loi du 17 mars 1909, desquels il résulterait qu'en cas de faillite le syndic, étant le mandataire légal des créanciers opposants, il doit, en conséquence, être procédé à l'examen des créances privilégiées ce système répond que c'est faire échec à des décisions de justice passées en force de chose jugée, et violer manifestement le texte de la loi du 17 mars 1909, qui ne s'oppose à l'attribution du prix au créancier nanti que si au moment où est rendu le jugement d'attribution, il reste des créanciers inscrits ou opposants, ce qui justement ne s'était pas produit en l'espèce. l'opposition du syndic ayant eu lieu huit mois après.

Enfin, aux termes d'un jugement rendu par le Tribunal de commerce de la Seine en date du 23 avril 1910 (R. S. 5669), le créancier nanti n'est pas obligé de produire au passif de la faillite et de faire vérifier sa créance lorsqu'il se borne à poursuivre la réalisation d'un gage. Le syndic qui veut faire tomber la constitution d'un gage, ou le créancier qui invoque une cause de préférence sur le créancier nanti, n'a donc qu'à recourir à la procédure spéciale à cette matière.

oblige en effet l'acquéreur à payer son prix
immédiatement alors qu'il avait peut-être
un terme; de même le créancier devra recevoir un paiement anticipé et peut-être par-
tiel. D'autre part, droit de suite et purge
sont deux termes inséparables sous peine
de grever le fonds d'une sorte d'inaliénabi-
lité.

§ 1. — *Purge des créances inscrites*

Il faut une vente amiable. — 91. A raison des inconvénients certains de la purge,
la loi Cordelet n'autorise celle-ci que dans
les cas absolument nécessaires. C'est ainsi
que la première condition d'exercice de la
purge est que la vente n'ait *pas été faite
judiciairement*, car dans ce cas, comme
nous le verrons plus loin, il y a publicité
des enchères et libre concurrence des acheteurs, les créanciers inscrits sont régulièrement appelés. Ces conditions suffisent
pour faire atteindre au fonds son maximum de valeur, le droit de surenchère et
la purge sont en conséquence interdits (art.
22-2° et 23-1°).

La vente judiciaire purge le fonds. — 92.
On peut dire, pour employer un langage
plus clair, que la vente judiciaire purge le
fonds des créances inscrites. Il faut reconnaître que c'est là un principe nouveau,
car, sauf les cas où elles sont suivies d'une
surenchère, les ventes judiciaires, autres
que l'adjudication sur saisie-immobilière,
ne purgent point par elles-mêmes les hypothèques et l'on sait que la loi du 17 mars

1909 a constitué une hypothèque mobilière, et suit ordinairement les règles de l'hypothèque.

Qui peut purger ? — 93. Le droit de purger le fonds appartient à l'acquéreur même en dehors du cas de vente, il pourra également purger s'il tient le fonds du premier acquéreur par voie de donation, d'échange, de reprise sans fixation de prix, ou en vertu d'un contrat de mariage.

Enoncé de formalités. — 94. L'article 22-2° énumère les formalités de la purge. Le Code Civil, articles 2183 et suivants, décide en matière hypothécaire que l'acquéreur d'un immeuble somme les créanciers d'accepter le prix ou de mettre une enchère du 10me, et l'immeuble se trouve libéré, même au regard de ceux qui ne sont pas désintéressés. La loi nouvelle organise une procédure analogue à celle du Code Civil, et édicte que le tiers détenteur qui veut purger son fonds doit, à peine de déchéance, avant la poursuite ou dans la quinzaine de la sommation de payer à lui faite, notifier à tous les créanciers inscrits, au domicile élu par eux dans leurs inscriptions :

1° Les nom, prénoms et domicile du vendeur, la désignation précise du fonds, le prix, non compris le matériel et les marchandises, ou bien l'évaluation du fonds en cas de tansmission à titre gratuit, c'est-à-dire à titre de donation, par voie d'échange ou de reprise sans fixation de prix, en vertu de convention de mariage, les charges, les frais et loyaux coûts exposés par l'acquéreur ;

2° Un tableau sur trois colonnes contenant : la première, la date des ventes ou nantissements antérieurs et des inscriptions prises ; — la seconde les noms et domiciles des créanciers inscrits ; — la troisième le montant des créances inscrites, avec déclaration qu'il est prêt à acquitter sur le champ les dettes inscrites jusqu'à concurrence de son prix, sans distinction des dettes exigibles ou des dettes non exigibles.

La notification contiendra élection de domicile dans le ressort du tribunal de commerce de la situation du fonds.

Application des formalités. — 95. Entrons maintenant, à propos de ces formalités, dans quelques détails d'application. La sommation qui met le tiers détenteur en demeure de purger ne fait courir le délai de la purge que si elle est régulière, notamment si elle a été précédée d'un commandement de payer fait au débiteur. La sommation adressée par un créancier a un effet général, tous les créanciers en profitent, et le tiers détenteur est déchu vis-à-vis de tous du droit de faire la purge s'il n'a pas fait les notifications dans la quinzaine de la sommation ou avant la poursuite.

Sanction du défaut de notification. — 96. Les notifications doivent être faites à tous les créanciers inscrits qui doivent les recevoir individuellement. Elles ne doivent donc pas être faites en bloc et par une seule copie, même à des créanciers qui ont une créance commune, résultant d'un même titre, en vertu duquel il est pris conjointement une seule inscription, élu un seul domicile, et adressé au tiers détenteur une seule sommation. Le défaut de notification à un seul créancier imputable au tiers détenteur rend la *purge inefficace* à l'égad de *ce créancier* omis qui pourrait, s'il avait connaissance de l'ouverture de l'ordre (procédure de répartition des sommes au cas de concours de créanciers privilégiés et de créanciers hypothécaires), y intervenir et même former tierce opposition (opposition à un jugement qui vous intéresse et pour lequel vous n'avez pas été assigné et contre lequel vous n'avez donc pas pu vous défendre) au jugement ou arrêt qui aurait homologué, approuvé le règlement d'ordre, si la somme à distribuer se trouvait encore déposée à la Caisse des consignations.

Si le défaut de notification était *imputable au greffier* qui aurait omis ce créancier dans l'état des inscriptions, la *purge serait valable* même à l'égard de ce créancier oublié, qui serait ainsi déchu de droit de suite, mais qui conserverait seulement son droit de préférence sur le prix jusqu'au règlement définitif de l'ordre, et une action en responsabilité contre le greffier. Le greffier contraint de désintéresser un créancier ou un acquéreur est subrogé de plein droit aux actions de ce tiers contre le débiteur ou le vendeur. La prescription de cette responsabilité du greffier est de 30 ans tant qu'il reste en fonctions, et de 10 ans depuis que ses fonctions ont pris fin (argument d'analogie, article 7 de la loi du 21 ventôse an VII, relative au conservateur des hypothèques). L'action en responsabilité sera portée devant le tribunal du fonds de commerce, et, en cas de décès, elle peut être formée contre ses héritiers. *Le greffier témérairement assigné* peut obtenir des *dommages-intérêts* s'il a éprouvé un préjudice (1).

97. Lorsque le titre d'acquisition du tiers détenteur porte à la fois sur des éléments

---

(1) Avant de terminer la purge, examinons un cas solutionné par la 6ᵉ chambre de la Cour de Paris le 8 mars 1910 *(Gaz. Palais,* 23 mai 1910). Voici la doctrine de l'arrêt :

Le vendeur d'un fonds de commerce qui, après inscription de son privilège a, comme le veut la loi, déposé au greffe son acte de vente (art. 24 loi 17 mars 1909), se trouve investi d'un droit réel qui suit le fonds dans toutes les mains où il passe.

Dès lors, quand l'acte de vente stipule qu'en cas de revente par l'acquéreur la totalité du prix originaire deviendra immédiatement exigible, le premier vendeur est fondé après une mise en demeure de payer demeurée sans effet, à demander au tribunal l'autorisation de vendre le fonds constituant son gage.

Et le nouvel acquéreur qui n'a pas recouru à la procédure de la purge réglementée par l'article 22 de la loi du 1909, ne saurait. pas plus que le premier acheteur, prétendre valablement limiter ses droits à la seule faculté de surenchère prévue par l'article 23.

du fonds grevés de l'inscription du privilège et sur d'autres non grevés, situés ou non dans le même ressort, aliénés pour un seul et même prix ou pour des prix distincts, le prix de chaque élément sera déclaré dans la notification, par ventilation, s'il y a lieu, du prix total exprimé dans le titre (art. 22-3°). Il en est de même en cas de surenchère hypothécaire (Code Civil, article 2192).

§ 2. — *Surenchère du dixième*

98. Il est fort possible que le prix de la vente amiable ou de l'estimation du fonds acquis par échange ou donation paraisse insuffisant aux créanciers inscrits et, notamment, au vendeur non payé, au cas, par exemple, où il ne parvient pas à les désintéresser. Ils peuvent tous alors, un seul créancier inscrit aurait ce droit, former une surenchère du dixième, c'est-à-dire requérir la vente aux enchères publiques du fonds, en offrant de porter le prix principal à un dixième en sus (art. 23-1°).

Par prix principal, il faut entendre ici le prix des éléments incorporels, à l'exclusion de celui du matériel et des marchandises. La loi veut, en outre, pour éviter une procédure téméraire, s'assurer de la solvabilité du créancier surenchérisseur, et oblige celui-ci à donner caution pour le paiement des prix et charges, ou à justifier de solvabilité suffisante (art. 23-1°). Pour surenchérir, il faut avoir en outre la capacité de s'obliger, nous en avons déjà parlé, avec les principes généraux de la vente.

Formalités. — 99. La *réquisition* ou demande de mise aux enchères publiques, signée du créancier inscrit, vendeur ou créancier gagiste, doit être, à peine de déchéance, signifiée au tiers acquéreur et au débiteur précédent propriétaire, *avec assignation devant le tribunal de commerce de la situation du fonds* pour voir statuer, en cas de contestation, sur la validité de la caution ou la solvabilité du surenchérisseur et *voir ordonner qu'il sera procédé à la mise aux enchères publiques* du fonds avec le matériel et les marchandises qui en dépendent, et que le tiers acquéreur sera tenu de communiquer son titre et l'acte de bail ou de cession de bail à l'officier public commis, ordinairement un notaire, qui y puisera les renseignements nécessaires à la rédaction du cahier des charges.

Le délai pour faire cette signification est de quinze jours à compter de la notification du tiers détenteur à fin de purge, c'est un délai franc et non susceptible d'augmentation à raison des distances entre le domicile élu et le domicile réel des créanciers inscrits (art. 32-2°).

100. A partir de la *signification de la surenchère*, l'*acquéreur*, s'il est entré en possession du fonds, en est de droit *administrateur-séquestre* et ne peut plus accomplir que des actes d'administration. Toutefois, il peut demander au tribunal de commerce ou au juge de référé, suivant le cas, à tout moment de la procédure, la nomina-

tion d'un autre administrateur. Cette demande peut être également formée par
tout créancier (art. 23-3°).

101. *Une réquisition valable profite à
tous*, en conséquence le surenchérisseur,
même en payant le montant de la soumission, ne peut empêcher par un désistement
l'adjudication publique. En effet, les autres créanciers auraient peut-être surenchéri, et en tous cas peuvent espérer que
l'ajudication donnerait un prix supérieur
à la surenchère. Cependant la surenchère
tomberait du consentement de tous les
créanciers inscrits, sans doute à la suite du
paiement intégral de leurs créances (art.
23-4°).

102. Les formalités de la procédure et
de la vente seront accomplies à la diligence
du *surenchérisseur* et, à son défaut, de tout
créancier inscrit ou de l'acquéreur, aux
frais, risques et périls du surenchérisseur
et sa caution restant engagée (art. 23-5°).
La procédure est celle de la vente forcée
que nous étudierons plus loin, et qui est
instituée par les articles 15-5°, 6°, 7° et 8°,
16, 17 et 20-3°.

103. A défaut d'enchère, le créancier surenchérisseur est déclaré adjudicataire
(art. 23-6°). En outre du fonds proprement
dit, c'est-à-dire des éléments incorporels,
*l'adjudicataire est tenu de prendre le maté-
riel et les marchandises* existant au moment de la prise de possession. Le matériel
et les marchandises sont payés en sus du
prix d'adjudication, et leur prix sera fixé
par un expert amiable, c'est-à-dire dési-

gné par les parties, ou judiciaire, c'est-à
dire nommé par le tribunal.

En outre du prix de l'adjudication du
fonds, du prix du matériel et des marchandises, *l'adjudicataire doit rembourser à
l'acquéreur les frais et loyaux coûts de contrat*, les frais de notifications, d'inscription et de publicité, tels qu'elles sont organisées par notre loi (art. 2, 3 et 4), et à qui
de droit les frais faits pour parvenir à la
revente (art. 23-8°).

Folle-enchère.— 104. Faute par l'adjudicataire de remplir les conditions du cahier
des charges, le fonds est revendu à sa *folle
enchère*, dans les formes prescrites pour la
vente forcée (art. 17). que nous verrons
avec la vente forcée. Le fol enchéris-
seur est tenu, envers les créanciers inscrits
du vendeur et envers le vendeur lui-même,
de la différence entre son prix et celui de
la revente sur folle-enchère, sans pouvoir
réclamer l'excédent, s'il y en a (art. 23-9°
rendant applicable l'art. 19).

Si c'est l'acquéreur surenchéri lui-même, c'est-à-dire le tiers débiteur, l'acheteur
ayant provoqué la purge, qui se rend
adjudicataire par suite de la revente sur
surenchère, il a son recours tel que de droit
contre le vendeur pour le remboursement
de ce qui excède le prix stipulé par son titre et pour l'intérêt de cet excédent à
compter du jour de chaque paiement (art.
23-10°). (1).

---

(1) En terminant l'étude de l'exercice du privilège, signalons une intéressante espèce rela-

Section V

Translation du Privilège

105. Au lieu d'exercer son privilège, un vendeur non payé ou un créancier nanti peut préférer le donner en paiement à un créancier qui menace de le poursuivre ou le vendre à deniers comptants.

Antériorités et subrogations. — Le cré-

---

tive au privilège du vendeur ; voici la solution donnée par le Tribunal de commerce de la Seine en date du 3 août 1909 *(La Loi,* 4 juin 1910) :

Si au regard de l'article 22 de la loi du 17 mars 1909, le privilège du vendeur sur le fonds, en quelques mains qu'il passe, et si cette loi a bien effet rétroactif en ce qu'elle s'applique au vendeur de fonds de commerce dont les contrats étaient antérieurs à sa promulgation en leur accordant, pour prendre inscription, un délai de quinzaine, prorogé à un mois par la loi du 1er avril 1909, rien n'autorise à dire que ce privilège doive s'étendre à tous les vendeurs d'un même fonds, cédé antérieurement à ladite loi, à quelque époque que la vente soit intervenue, quel que soit le nombre des acquéreurs successifs et qu'ils soient ou non libérés de leur prix.

Le Tribunal de commerce est incompétent pour connaître d'une opposition et en ordonner la main-levée.

Le Tribunal de la Seine déclare à tort l'incompétence de la juridiction consulaire. (Voir note sous n° 145).

ancier inscrit dispose de plusieurs moyens,
il peut céder le rang de son privilège à un
tiers, c'est l'antériorité, ou bien il lui est
loisible d'abandonner tout intérêt en se
substituant un tiers, c'est la subrogation.
(Voir aussi n° 136). Les antériorités et subrogations résultent d'actes sous seing
privé ou notariés, les signatures soit des
parties soit du notaire seront légalisées. Le
greffier exigera l'expédition de l'acte notarié ou un original de l'acte sous seing privé
enregistré, ainsi qu'une réquisition, toutes
pièces qu'il doit garder. Il mentionne ces
pièces sur le registre d'entrée et appose le
numéro d'ordre du registre sur chacune
d'elles. Il inscrit la mention dans la colonne à ce destinée, en marge des inscriptions, il indique l'adresse ou l'élection de
domicile, rappelle le numéro d'entrée et
signe. Il rédige ensuite le certificat d'antériorité ou de subrogation qui est remis
quelques jours après la demande au requérant (art. 26).

Endossements. — 106 L'article 27 reconnaît au créancier inscrit un moyen qui
est de pratique journalière parmi les commerçants, c'est l'endossement. Par analogie avec l'hypothèque maritime (loi du 10
juillet 1885, article 12), la loi Cordelet
prévoit l'hypothèse où le titre d'où résulte
le privilège serait à ordre, et décide que
dans ce cas, la négociation du titre par voie
d'endossement emportera translation de la
créance privilégiée et de ses accessoires.
Dans le silence du texte, c'eût été du reste
le droit commun. « L'inscription mention-

nera, dit le rapporteur, la modalité particulière du titre ; mais tant que le porteur
ne se sera pas fait connaître par une anno-
tation en marge de l'inscription, toutes les
notifications relatives à l'inscription seront
valablement faites au créancier bénéficiaire de l'inscription. Si le 'itre a été déposé pour l'inscription, il suffira de remettre au cessionnaire le bordereau avec
un ordre ».

Tant que le porteur ne se sera pas fait
connaître, le tiers détenteur fera donc valablement au créancier bénéficiaire de
l'inscription les notifications à fin de purge
(art. 22) ou à toutes autres fins prévues par
notre loi. Le porteur qui aurait négligé de
faire mentionner en marge de l'inscription
la cession dont il a bénéficié par endos, ne
recevra donc pas les notifications diverses
à faire au domicile élu dans l'inscription
et partant encourra les déchéances prévues
par la loi à raison de ce qu'il n'aura pas été
prévenu en temps utile.

CHAPITRE III

Action résolutoire du vendeur

107. Le vendeur d'un fonds de commerce, comme tout vendeur de meubles, est,
ainsi que nous l'avons dit, armé de par le
Code civil d'une quadruple garantie : droit

de rétention, droit de revendication, privilège et droit de résolution. La loi Cordelet fortifie le privilège du vendeur que nous venons d'étudier, ainsi que l'action résolutoire (1).

Cas de résolution. — Si l'acheteur ne paye pas le prix, le vendeur peut demander la résolution de la vente, c'est le principe posé par l'article 1654 du Code civil, qui n'est en réalité que l'application au contrat de vente de l'article 1184 du Code civil aux termes duquel est toujours sous-entendue la condition résolutoire dans les contrats synallagmatiques (on appelle ainsi les contrats qui engendrent des obligations à la charge des deux parties contractantes), au cas où l'une d'elles ne satisferait point à son engagement. Si le prix de vente consistait dans une rente viagère, le défaut de paiement des arrérages ne donnerait pas lieu à la résolution , sauf stipulation expresse.

108. La résolution d'une vente peut être demandée tant que le prix n'est pas intégralement payé. Au prix principal doivent s'ajouter en pareil cas les accessoires tels que les frais et loyaux coûts du contrat

---

(1) Sur l'action résolutoire, voir : deux jugements du Tribunal de commerce de la Seine, l'un en date du 30 décembre 1909 (*Gaz. Tribunaux*, 10 avril 1910, avec note); l'autre en date du 6 décembre 1910 (*La Loi*, 4 janvier 1911) ; un jugement du Tribunal civil de la Seine du 10 novembre 1909 (Rép. Notariat 1910. 178 ; J. Notariat. 1910. 202 avec note).

lorsqu'ils ont été payés par le vendeur à la décharge de l'acheteur, la jurisprudence s'est déjà prononcée en ce sens à propos des ventes de meubles. Le refus par l'acheteur de rembourser les frais de contrat autoriserait l'action résolutoire.

Section I

EXERCICE DE L'ACTION RÉSOLUTOIRE

109. Pour que le vendeur puisse exercer son droit de résolution : 1° celui-ci doit être expressément *mentionné et réservé dans l'inscription* qu'il prend au greffe (art. 2-2°). Ce qui suppose l'obligation préliminaire de l'inscription du privilège et comme corollaire un acte de vente écrit et enregistré. Il n'est pas nécessaire de mentionner le droit de résolution dans l'acte de vente, la vente le fait naître de plein droit, mais il est dès ce moment lié au sort du privilège, et doit comme lui être inscrit, sous peine de disparaître, tandis que le privilège continuerait à exister s'il avait été inscrit.

110. 2° Le *sort de l'action résolutoire*, à l'égard des tiers, c'est-à-dire du créancier gagiste, de l'acquéreur, du tiers acquéreur, est *lié à celui du privilège* ; elle ne lui survit pas, elle ne pourra donc être exercée après l'extinction du privilège du vendeur (art. 2-2°). En conséquence, si le vendeur du fonds vient à perdre son privilège pour défaut d'inscription dans la quinzaine de

la vente, il perd en même temps son droit
de résolution contre les tiers, par exemple
contre le créancier gagiste de l'acquéreur
ou contre le sous-acquéreur, disposition
analogue en matière de transcription hypothécaire (loi du 23 mars 1855, art. 7).
Mais si son *droit de résolution* est perdu
contre les tiers par suite de l'omission
d'une formalité, le *vendeur le conserve
toujours vis-à-vis de son débiteur* lui-même, de l'acquéreur, de ses héritiers et de ses
créanciers chirographaires : c'est un droit
qu'il tient des articles 1654 et 1184 du
Code civil, la jurisprudence est en ce sens.

Faillite. — 111. La situation au profit de
l'action résolutoire est la même qu'au profit du privilège en cas de faillite de l'acquéreur ou du sous-acquéreur (art. 2-7°).
Nous avons vu (n° 63) que le privilège peut
être opposé à la faillite s'il a été inscrit
dans la quinzaine de l'acte de vente, ou si,
n'ayant pas été inscrit, on se trouve encore
dans la quizaine de la vente.

Succession bénéficiaire. — 112. Nous
n'avons encore qu'à renvoyer aux explications déjà données sur la succession bénéficiaire de l'acheteur (n° 64). Le vendeur
peut évidemment exercer l'action résolutoire comme son privilège contre les créanciers du défunt, ainsi que nous l'avons dit
plus haut, car on ne peut les considérer
comme des tiers ni aux yeux de l'article
2-2° ni vis-à-vis de la loi sur la transcription hypothécaire dont il s'est inspiré.

A. Résolution judiciaire. — 113. Le vendeur qui veut exercer son action résolutoi-

re doit la notifier par huissier aux créanciers inscrits sur le fonds au domicile par eux élu dans leurs inscriptions. L'intervention des créanciers peut alors se produire en vue soit d'arrêter l'action et de maintenir leur privilège en désintéressant le vendeur, « soit de s'opposer à des compensations dont la cause ne serait pas établie ». (Rapport supplémentaire Cordelet). Le jugement ne peut intervenir qu'un mois après la notification (art. 2-4°).

Purge. — 114. Supposons la vente d'un fonds poursuivie aux enchères publiques, soit à la requête d'un syndic de faillite, de tous liquidateurs ou administrateurs judiciaires, soit judiciairement à la requête de tout autre ayant-droit, le poursuivant doit la notifier aux précédents vendeurs, au domicile élu dans leurs inscriptions, avec déclaration que faute par eux d'intenter l'action résolutoire dans le mois de la notification, ils seront déchus, à l'égard de l'adjudicataire du doit de l'exercer (art. 2-6°). « Le vendeur du fonds, ainsi mis en demeure... peut intenter l'action résolutoire dans le délai imparti, lors même que son prix ne serait pas encore exigible... » (Rapport Cordelet).

B. Résolution amiable. — 115. Une clause de l'acte de vente peut stipuler que faute de paiement dans un délai déterminé la vente serait résolue de plein droit. Il peut même arriver qu'un accord postérieur à la vente intervienne entre le vendeur et l'acheteur aux termes duquel la vente serait résolue amiablement de plein droit par suite du non-paiement. Même dans ces deux cas de résolution amiable, le vendeur doit notifier aux créanciers inscrits, aux domiciles élus, la résolution encourue ou consentie, qui ne devient définitive qu'un mois après cette notification ainsi faite (art. 2-5°). Les raisons sont les mêmes que pour la résolution judiciaire. Les créanciers inscrits qui voudraient désintéresser le vendeur offriront la somme dans le délai du mois, en la consignant.

Section II

Effets de l'Action résolutoire

116. L'action résolutoire, comme le privilège, ne porte que sur les éléments qui ont fait partie de la vente (art. 2-2°).

Que décider pour les marchandises vendues et remplacées en tout ou en partie ? La résolution replace les parties dans le même état que si la vente n'avait jamais existé, la solution de notre question est donc complexe. Comment se fait la restitution ? Les explications de M. Cordelet dans son rapport à propos du privilège s'appliquent encore ici. Le vendeur reprendra les marchandises en nature, quitte aux parties à s'indemniser soit qu'il y ait excédent ou déficit depuis la vente. Le vendeur ne serait pas obligé de prendre les éléments ajoutés au fonds par l'acquéreur, tels que brevets d'invention, marque de fabrique, licences, etc. Les parties peuvent évidemment avoir intérêt à ne pas les séparer du fonds.

117. En cas de résolution, le vendeur doit reprendre tous les éléments du fonds qui ont fait partie de la vente, même les éléments pour lesquels son privilège et l'action résolutoire sont éteints. Nous savons que le privilège du vendeur affecte séparément les éléments incorporels, le matériel, les marchandises qui ont chacune leur prix distinct, donc par suite de paiement l'un ou deux de ces trois éléments peuvent être libérés du privilège, et partant de l'action résolutoire. Dans l'intérêt du commerce, la loi nouvelle n'a pas voulu séparer les divers éléments, et le vendeur devra tous les reprendre.

118. Le vendeur est comptable du prix des marchandises et du matériel existant au moment de sa reprise de possession, d'après l'estimation qui en est faite par expertise contradictoire, amiable ou judiciaire, on devra donc rédiger immédiatement un inventaire. Le vendeur déduira ce qui peut lui rester dû par privilège sur les prix respectifs du matériel et des marchandises. Les privilèges des autres créanciers inscrits depuis la première vente continueront à subsister et s'exerceront sur ce qui restera de l'estimation donnée aux marchandises et au matériel, après prélèvement de la créance privilégiée du vendeur (art. 2-3°).

119. Le vendeur qui reprend le fonds n'a pas à payer les dettes de l'acheteur (Trib. comm. Nice, mars 1890. *Gaz. Palais*, 1890.

2. Supp^t 28). De même le vendeur reprend le fonds libéré des droits réels constitués du chef de l'acheteur.

CHAPITRE IV

Garanties supplémentaires

120. Le vendeur non payé a, nous l'avons dit, outre le droit de rétention et le droit de revendication dont ne s'occupe pas la loi Cordelet, un privilège et une action résolutoire organisés sur des bases nouvelles. A ces avantages, la loi du 17 mars 1909 ajoute deux garanties supplémentaires qui profitent également au vendeur non payé et à tous les créanciers inscrits : en cas de déplacement du fonds et en cas de résiliation du bail.

Section I

DÉPLACEMENT DU FONDS

Notification. — 121. La situation donne souvent au fonds de commerce une grande importance, quelquefois même presque toute sa valeur. Le crédit, soit du vendeur soit des créanciers inscrits, a pu être fait à cause de cette situation même. Lors donc que le propriétaire voudra le déplacer, au risque de le déprécier ou de le ruiner, il est tenu d'aviser les créanciers inscrits et partant le vendeur, quinze jours au moins d'avance, de son intention de déplacer le fonds et du nouveau siège qu'il entend lui donner (art. 13-1°). Cet avis sera notifié par lettre recommandée.

Cette notification permettra aux créanciers inscrits de faire le nécessaire pour conserver leur privilège. Dans la quinzaine de l'avis à eux notifié ou dans la quinzaine du jour où ils auront en connaissance du déplacement, ils feront mentionner en marge de l'inscription existante, le nouveau siège du fonds, et si le fonds a été transféré dans un autre ressort, ils devront faire reporter à sa date l'inscription primitive avec l'indication du nouveau siège, sur le registre du tribunal de ce ressort (13-2°).

Sanction. — 122. Quelle est la sanction de ces obligations ? Le propriétaire du fonds perd de plein droit le bénéfice du terme, car le débiteur perd le bénéfice du terme lorsqu'il diminue par son fait les sûretés données par le contrat à son créancier (art. 1188 Civ.), et cette *déchéance du terme est obligatoire pour les tribunaux* (art. 13-1°). Si les créanciers inscrits, se rendant compte de la dépréciation subie par le fonds à la suite de ce transfert, s'opposent au déplacement, le propriétaire ne peut l'opérer sans s'exposer à être assigné en déchéance du terme, s'il y a vraiment dépréciation du fonds. *Le tribunal n'est pas ici obligé de prononcer la déchéance du terme, la loi lui a laissé la sanction à sa discrétion.* Le rapport Cordelet dit : « Ce sera une question de fait et d'appréciation. Quand le déplacement aura eu lieu dans le même ressort, on recherchera si l'absence de la mention du nouveau siège en marge de l'inscription a pu laisser planer un doute sur l'identité du fonds et induire ainsi des tiers en erreur. Si le fonds a été transféré dans un autre ressort, et si une autre inscription est venue le frapper avant que l'inscription primitive ait été reportée à sa date sur le registre du nouveau ressort, le juge tiendra compte de toutes les circonstances de fait. Le premier créancier a-t-il été négligent ? A-t-il fait reporter son inscription dans la quinzaine de l'avis ou de la connaissance qu'il a eue du déplacement ? Le nouveau créancier avait-il connaissance du premier nantissement ? Est-ce par suite d'une connivence avec le débiteur qu'il s'est fait consentir un nantissement sur un fonds à peine installé ? Il semble que son inscription devra primer l'inscription primitive, même reportée dans la quinzaine, s'il a été de bonne foi ». (Art. 13-3°).

123. Les règles de procédure et de compétence sont les mêmes qu'en matière de vente forcée (voir nos 156 et suivants).

Section II

RÉSILIATION DU BAIL.

124. L'article 14 s'occupe du propriétaire du fonds qui *poursuit* la résiliation du bail de l'immeuble dans lequel est exploité

le fonds grevé d'inscriptions : il décide qu'il doit notifier, par une simple lettre recommandée, ainsi que nous l'avons vu plus haut, sa demande aux créanciers antérieurement inscrits, au domicile élu par eux dans leurs inscriptions. *Le jugement ne peut intervenir qu'après un mois écoulé depuis la notification.* Pendant ce délai, les créanciers inscrits pourront « faire cesser les causes de résiliation, ou chercher un acquéreur pour le fonds ».

125. Si la résiliation du bail n'est pas poursuivie devant le tribunal, mais qu'elle soit obtenue *amiablement*, elle ne *devient définitive qu'un mois après la notification. Le même délai est commandé par le même motif.* (1).

126. Quelle serait la situation du débiteur qui n'aurait pas fait les notifications ? Il s'exposerait à une action en dommages-intérêts de la part des créanciers.

—————

(1). Voici une espèce intéressante en matière de résiliation de bail.

Un jugement rendu par le Tribunal de commerce de Marseille en date du 19 août 1910 (*Gaz. Com. Lyon*, 28 septembre 1910) décide que le nantissement régulièrement inscrit en conformité de la loi du 1er mars 1898 et de la loi nouvelle du 17 mars 1909 confère au créancier un droit réel et un droit de suite sur le fonds de commerce qu'il peut faire valoir *erga omnes*, en quelques mains que ce fonds passe.

En conséquence, le paiement d'une indemnité de résiliation de bail au détenteur actuel d'un fonds de commerce n'est pas valable s'il est effectué : 1° avant que cette résiliation soit

CHAPITRE V

Obligations spéciales de l'acquéreur. — Garanties des créanciers du vendeur

127. En exposant les principes généraux posés par le Code civil en matière de vente, nous avons dit que l'acheteur avait pour obligations de prendre livraison de la chose vendue, d'en payer le prix et les frais de l'acte de vente. La loi du 17 mars 1909 complète les obligations de l'acheteur au profit des créanciers du vendeur ; elle ordonne la publication de la vente et édifie une théorie très complète à l'occasion du paiement du prix.

Section I

PUBLICATION DE LA VENTE

Historique.— 128. « La vente d'un fonds de commerce, dit M. Cordelet, peut avoir

---

devenue définitive à l'égard des créanciers gagistes, c'est-à-dire moins d'un mois après les notifications faites par le propriétaire de l'immeuble à ses créanciers (loi du 17 mars 1909, art. 14-2°) ; 2° si le débiteur de l'indemnité s'est borné à requérir un certificat d'inscription sous le nom du dernier détenteur du fonds de commerce et a négligé de se procurer les certificats concernant les précédents titulaires.

Dès lors, un tel paiement n'a pu libérer celui qui l'a fait, ni celui qui l'a reçu, et ils sont tenus solidairement l'un et l'autre de payer une seconde fois aux mains du créancier gagiste.

lieu à l'insu des créanciers du vendeur qui ne sont pas à même d'exercer leurs droits. Lorsque le vendeur a touché son prix, le gage sur lequel ils ont dû compter a disparu, et ils se trouvent frustrés, en présence d'un débiteur qui s'est rendu insolvable. Les créanciers gagistes ne sont point exposés à cette surprise, les paiements fait entre les mains du vendeur sans leur consentement ne leur sont point opposables. Il en sera de même à l'avenir pour les précédents vendeurs.

« C'est en vue de sauvegarder les intérêts des créanciers chirographaires que l'article 3 prescrit la publication des ventes de fonds de commerce... »

Avant la loi du 17 mars 1909, l'usage s'était établi dans quelques grandes villes telles que Paris, Marseille, Lyon, de publier les ventes de fonds de commerce dans les journaux d'annonces légales, en laissant aux créanciers du vendeur un délai pour former opposition au paiement du prix. La valeur juridique de cet usage était contestable. Le Tribunal de commerce de Nice décidait qu'à défaut de publication, l'acheteur devenait responsable des dettes du vendeur.

L'article 3 de la loi Cordelet a comblé cette lacune et organisé un mode très complet de publication de la vente.

Principe de l'obligation. — 129. *Toute vente* ou cession de fonds de commerce consentie même sous condition ou sous la forme d'un autre contrat, tel par exemple qu'une location qui n'est souvent qu'une vente déguisée, ainsi que toute mise en société ou toute attribution dans le fonds de commerce par partage ou licitation, doit être, *dans la quinzaine de sa date*, publiée à la diligence de l'acquéreur, sous forme d'extrait ou d'avis, dans un journal d'annonces légales du ressort du tribunal de commerce où se trouve le fonds, ou à défaut, dans un journal d'annonces légales de l'arrondissement (art. 3-1°).

Que contient l'avis des journaux ? — 130. L'extrait ou avis doit contenir : 1° la date de l'acte, les noms, prénoms et domicile de l'ancien et du nouveau propriétaire;

2° La nature et le siège du fonds ;

3° L'indication du délai d'opposition.

Comme il faut deux avis dans les journaux, le premier annoncera que le délai est de dix jours à partir du deuxième avis, au second avis on indique que le délai expire dans les dix jours du présent avis. Il suffirait à la rigueur de dire que l'avis est le premier ou le second ;

4° Une élection de domicile dans le ressort du tribunal (art. 3-2°).

Deux publications. — 131. La publication doit être renouvelée du huitième au quinzième jour après la première insertion (art. 3-3°).

Succursales. — 132. Si la vente ou cession d'un fonds de commerce comprend des succursales situées dans la France continentale, en Algérie ou dans les colonies, la publication doit être faite également dans chacun des ressorts où ces succursales ont leur siège. Le délai qui est de quinzaine dans la France continentale est d'un mois en Corse et en Algérie et de trois mois dans les colonies. La publication contient élection de domicile dans le ressort du tribunal de la situation de l'établissement principal et dans le ressort où se trouve la succursale, si celle-ci forme l'objet unique de la cession Ce sont les mêmes dispositions déjà vues en matière d'inscription du privilège (art. 4).

Sanction. — 133. Si l'acquéreur paie le vendeur sans avoir fait la publicité ou avant l'expiration du délai de dix jours à partir de la seconde publication, la vente ne sera pas annulée, mais l'acquéreur ne sera pas libéré à l'égard des tiers (art. 3-3°) et pourra par conséquent, être contraint par les créanciers du vendeur à leur payer une seconde fois. Cette action en responsabilité est de la compétence du tribunal de commerce.

L'acquéreur tenu de payer deux fois a un recours contre son vendeur ou contre qui de droit (1).

Rarement l'acquéreur omettra la publi-

---

(1). Le Tribunal de commerce de Rouen a fait, le 8 juin 1910 *(Gaz. Pal.,* 27 déc. 1910), une intéressante application de cette règle. Voici la doctrine du jugement :

« En ne se conformant pas aux prescriptions de la loi du 17 mars 1909 relative à la vente et au nantissement des fonds de commerce, l'acquéreur d'un fonds de commerce qui ne paie pas son prix entre les mains des créanciers régulièrement inscrits, s'expose à payer deux fois.

cation, mais il arrivera plus souvent qu'il abrège ou qu'il allonge le délai. S'il l'abrège, si par exemple, il fait la deuxième publication avant le huitième jour qui suit la première, l'acquéreur ne sera-t-il pas non plus libéré à l'égard des tiers ? La loi ne le dit pas, et on peut décider que le délai d'opposition n'expirera qu'après le dixième jour qui suivra la deuxième insertion considérée comme publiée quinze jours après la première, quinze jours étant le délai maximum. Si, au contraire, le délai d'insertion a été allongé, les créanciers ne peuvent s'en plaindre, puisqu'ils ont plus de temps pour former opposition, comme nous le verrons bientôt.

Supposons que l'acquéreur omette certaines mentions dans l'extrait qu'il fait publier dans le journal, l'insertion sera nulle. La jurisprudence applique strictement la loi ; le Tribunal de commerce de Nice a annulé les insertions dans deux affaires (Trastour c. Pin. 15 juillet 1910, *Petites Affiches des A.-M.*, 15 octobre 1910 avec note ; Brun c. Peglion, Lorenzi et Millo, 22 septembre 1910, *Petites Affiches des A.-M.*, 26 novembre 1910 avec note).

---

sauf son recours contre le mandataire salarié par l'intermédiaire duquel la vente du fonds a été passée, alors d'ailleurs qu'il est établi que ce mandataire n'était pas seulement un simple intermédiaire appelé à rapprocher les parties, mais un intermédiaire responsable en raison du caractère même de son intervention et des conditions dans lesquelles l'acquéreur devait se libérer de son prix de vente ».

Section II

Paiement du Prix

134. Le contrat de vente fixe habituelle-
ment le lieu du paiement, à défaut de
clause spéciale le paiement a lieu là où doit
se faire la délivrance (art. 1650 et 1651 du
Code civil).

Prix payé aux créanciers du vendeur.—
135. Le prix de vente doit être norma-
lement payé au vendeur, mais dans certains cas il est payé à d'autres personnes.

Ainsi, lorsque le *vendeur a des créanciers* qui font *opposition*, comme nous le
verrons plus loin, *les deniers sont distri-
bués par l'acquéreur* après vérification des
titres de créance. A défaut d'entente entre
les créanciers pour cette distribution amiable, l'acquéreur doit, sur la sommation de
tout créancier, et dans la quinzaine suivante, consigner la portion exigible du
prix, si le prix est payable partie comptant, partie à terme, et le surplus au fur et
à mesure de l'exigibilité, à la charge de
toutes les oppositions faites entre ses
mains ainsi que des inscriptions grevant
le fonds et des cessions qui lui ont été notifiées (art. 6).

La sommation des créanciers de consigner est faite par huissier, et les deniers
sont versés à la Caisse des Dépôts et Consignations.

Tant que la surenchère est possible,
c'est-à-dire dans les 20 jours de la deuxiè-

me publication, l'acquéreur n'aura pas à consigner le prix, mais les créanciers inscrits peuvent renoncer à surenchérir ou, si leurs créances sont exigibles, forcer l'acquéreur à notifier la vente, en lui faisant sommation de payer (art. 22).

Cession de la créance du prix par le vendeur. — 136. Mais l'acte de vente peut contenir une clause stipulant que le prix sera payé aux créanciers du vendeur, ou bien celui-ci peut céder la créance qu'il a contre l'acquéreur. (Voir n° 103). Cette cession s'opère selon les règles inscrites dans l'article 1690 du Code civil. Pour devenir opposable aux tiers, la cession doit être signifiée au débiteur cédé, ou acceptée par lui dans un acte authentique. La signification est nécessaire pour rendre la cession opposable aux tiers même si elle n'a lieu qu'à titre de garantie. Le cessionnaire aura tous les accessoires de la créance, c'est-à-dire les droits appartenant au vendeur du fonds, privilège, etc. Il est à remarquer que le plus souvent le cessionnaire sera un tiers porteur de billets souscrits par l'acheteur en paiement du prix : le bénéficiaire aura toutes les garanties attachées à la créance, mais il se verra opposer toutes les exceptions dont l'action du vendeur est susceptible.

Date et lieu du paiement. — 137. A quel moment l'acheteur du fonds doit-il payer le prix ? Au jour et au lieu réglés par la vente (art. 1650 Civ.) ; en cas de silence du contrat, au lieu et dans le temps où doit se faire la délivrance (art. 1651 Civ.). Ces principes de notre droit civil subissent une dérogation apportée par la loi du 17 mars 1909. Si l'acheteur veut ne pas être obligé personnellement de payer les créanciers du vendeur, il ne doit payer qu'après avoir fait les publications dont nous avons parlé plus haut, et après avoir attendu pendant dix jours après la deuxième insertion les oppositions qui peuvent être mises au paiement du prix par les créanciers du vendeur.

138. Sur quels éléments s'imputeront les paiements ? Le paiement comptant s'impute sur les éléments incorporels ou sur les marchandises ou sur le prix du matériel. Les paiements partiels, au contraire, s'imputent nécessairement, quelle que soit la convention, d'abord sur le prix des marchandises, puis sur celui du matériel, on dégage ainsi plus vite du privilège les deux éléments, marchandises et matériel, qui sont la partie la plus apparente de l'actif de l'acquéreur.

Vente à terme. — 139. Supposons une vente faite à terme, y aura-t-il pour l'acquéreur des causes de déchéance du terme? Le Code civil, article 1188, en indique deux : 1° la faillite de l'acquéreur ; 2° le fait par celui-ci de diminuer les sûretés données par le contrat. La loi Cordelet a ajouté trois autres cas : 3° le déplacement du siège du fonds à l'insu des créanciers inscrits, que nous connaissons déjà (n⁰ˢ 121-123) ; 4° le déplacement du fonds sans leur consentement ; 5° l'inscription d'un nantissement sur le fonds (art. 12-1°, 3°, 4°).

La revente du fonds par l'acheteur avant le paiement de son prix n'emporte pas déchéance, car l'article 22-1° reconnaît au vendeur et au créancier gagiste un droit de suite sur le fonds en quelques mains qu'il passe, nous l'avons vu avec le privilège du vendeur.

Intérêts du prix. — 140. La créance du prix produit intérêts, si le prix est payable par acomptes annuels ou semestriels ou plus rapprochés les intérêts se prescrivent par 5 ans (art. 2297 Civ.).

Section III

OPPOSITION AU PAIEMENT DU PRIX

Pour être libéré à l'égard des tiers, l'acquéreur a des obligations spéciales à remplir, nous les connaissons : la principale est la publication de la vente. Comme corollaire à cette publication, la loi de 1909 donne aux créanciers du précédent propriétaire, c'est-à-dire du vendeur, le droit de former opposition au paiement du prix (article 3).

Qui peut faire opposition ? — 141. Quels créanciers peuvent former opposition ? Les créanciers seuls du précédent propriétaire, mais *tous ses créanciers chirographaires ou gagistes, que la créance soit échue ou non,* car il s'agit d'un acte conservatoire (1). Il est certain que les créan-

---

(1). Avant la loi du 17 mars 1909, les créanciers d'un commerçant, dont la solvabilité était

ciers chirographaires auront seuls intérêt à former l'opposition, les créanciers nantis, par le fait de leur gage, étant préférés à eux.

Forme de l'opposition. — 142. Avant la loi du 17 mars 1909, dans les villes où il était d'usage de faire la publication de la vente, les créanciers formaient opposition le plus souvent par lettre recommandée. La loi nouvelle rompt avec cet usage, et exige un « acte extra-judiciaire » c'est-à-dire un exploit d'huissier, sous peine de nullité de l'opposition. Mais *une saisie-arrêt n'est pas nécessaire*, c'est-à-dire qu'il ne

représentée le plus souvent par la valeur de son fonds de commerce, étaient frustrés quand le débiteur vendait son fonds avant l'exigibilité de leur créance, puisqu'ils ne pouvaient dans ce cas faire opposition pour les sommes dues à leur débiteur. La loi nouvelle, dans son article 3, autorise l'opposition pour sûreté d'une créance même non exigible ; cette innovation était nécessaire, à la suite de l'importance prise désormais par les fonds de commerce dans la fortune publique.

En conséquence de cette innovation, le *bailleur* pourra valablement pratiquer saisie-arrêt entre les mains de l'acquéreur du fonds sur le prix de vente pour sûreté du montant des *loyers à échoir* jusqu'à l'expiration du bail, ces loyers constituant, dès l'instant où la chose louée a été délivrée au preneur, une créance certaine quoique à terme. C'est en ce sens que se sont prononcés le Tribunal civil de Rambouillet, 8 juin 1910 (D. 1911. 5.8 avec note), et le Tribunal civil de Châteauroux, 29 décembre 1910 (*Petites Affiches des A.-M.*, 17 juin 1911).

faudra pas engager une instance pour faire
valider cette opposition par le tribunal :
« Cette opposition sera faite, nous dit le
rapporteur, par simple acte extra-judiciaire, afin qu'il soit bien compris qu'une saisie-arrêt n'est nullement nécessaire ». (1).

---

(1). L'opposition organisée par la loi du 17
mars 1909 n'a aucun rapport avec celle du Code
de Procédure civile. Voici quelques décisions
récentes qui appliquent exactement ce principe
important :

Aux termes d'un jugement du Tribunal de
commerce de la Seine, en date du 24 février
1911 (*La Loi*, 24 mai 1911) : S'il est vrai que
les juges civils sont seuls compétents pour statuer, soit sur la validité, soit sur toute demande
en main-levée de saisie-arrêt ou opposition,
quelle que soit la nature de la créance du sai-
sissant, il faut observer que l'opposition prévue
à l'article 3 de la loi du 17 mars 1909 n'a de
similitude avec l'opposition prévue par les articles 557 et suivants du Code de Procédure que
le nom. Et la loi de 1909 confère aux tribunaux
consulaires une plénitude de juridiction sur
toutes les difficultés nées de la vente ou de
nantissements de fonds de commerce.

Le délai de dix jours pour les oppositions,
fixé par la loi du 17 mars 1909, est un délai de
rigueur : l'opposition faite après son expiration
doit être déclarée nulle.

Un arrêt de la 6e chambre de la Cour de Paris, en date du 24 décembre 1910 (*Gaz. Tribunaux*, février 1911, 2.85), proclame la non-iden-
tité de l'opposition de la loi de 1909 et celle du
Code de Procédure civile :

La procédure d'opposition organisée par la
loi du 17 mars 1909 au profit des créanciers du

C'est au domicile élu par l'acheteur que doit être faite l'opposition.

Mentions de l'opposition. — 143. Quelles mentions doivent figurer dans l'exploit d'opposition ? Le chiffre et les causes de la créance, à peine de nullité (art. 3-4°). « Cette sanction, dit M. Cordelet dans son

---

vendeur d'un fonds de commerce se suffit à elle-même et est tout à fait indépendante de celle qui se trouve exposée dans l'article 557 et suivants du Code de Procédure civile. Par suite, cette opposition peut être faite en l'absence d'un titre, sans permission du juge ; et le juge des référés auquel le vendeur du fonds demande à être autorisé à toucher son prix, malgré une opposition faite sans titre, s'il est compétent vu l'urgence, n'a pas au fond à imposer à l'opposant la justification d'un principe de créance.

La question tranchée par cet arrêt est nouvelle mais très intéressante. La solution est indiscutable. La procédure spéciale de la loi de 1909 serait incompatible avec les lenteurs et les complications de formalités prescrites par le Code de procédure. On sait d'ailleurs que l'opposition nouvelle peut être faite pour une créance non exigible.

A l'encontre de la Cour de Paris, le Tribunal civil de la Seine, audience des référés, décide, le 21 décembre 1909, que l'opposition de la loi de 1909 doit nécessairement être faite en vertu d'un titre ou d'une permission du juge, condition à défaut de laquelle la main-levée pourrait en être demandée en référé. Cette solution est-elle conforme à la loi nouvelle ? Voir à ce sujet la note importante sur cette décision rapportée dans les *Petites Affiches des A.-M.* du 10 décembre 1910.

rapport, est nécessaire pour permettre aux créanciers qui voudraient recourir à la surenchère du sixième de s'assurer que le prix est insuffisant pour désintéresser, indépendamment des créanciers inscrits, ceux qui se sont révélés par des oppositions.

Délai. — 144. Les créanciers doivent faire opposition dans les *dix jours* au plus tard qui suivent la *deuxième publication,* rien ne s'oppose à ce qu'ils la fassent dès la première publication. Une opposition tardive serait nulle, l'acquéreur n'aurait pas à en tenir compte (art. 3-4°). (1).

Effets. — 145. L'opposition « rend le prix indisponible à due concurrence », « aucune cession amiable ou judiciaire du prix, ou de partie du prix, ne sera opposable aux créanciers qui se seront ainsi

---

(1) Le Tribunal civil de Lyon, audience des référés, a, le 3 décembre 1909, rendu une intéressante décision (D. 1911, 2.23 et la note) :

Le juge des référés est compétent pour apprécier si l'opposition pratiquée sur le prix de vente d'un fonds de commerce l'a été dans les conditions de forme prévues par la loi du 17 mars 1909 (art. 3). Le droit qui appartient aux créanciers du vendeur d'un fonds de commerce de former opposition au paiement du prix n'est autorisé que pendant un délai de dix jours à compter de la seconde insertion annonçant la vente du fonds. Et l'opposition pratiquée après ce délai étant irrégulière en la forme, il doit en être donné main-levée.

Voir aussi la jurisprudence de la note précédente.

faits connaître dans ce délai ». Quelle valeur aurait cette cession ? « Ces transports ou cessions, dit le rapporteur, auront la valeur d'une opposition, s'ils ont été notifiés à l'acquéreur », la partie du prix, non absorbée par les oppositions des créanciers, pourra être cédée et « opposable aux créanciers qui procéderaient ensuite par voie de saisie-arrêt » (1).

Section IV

Surenchère du Sixième

146. Pendant les 20 jours qui suivent la deuxième publication, une expédition, si l'acte est notarié, ou l'un des originaux si

---

(1). Une question non formellement prévue par la loi du 17 mars 1909 et pourtant très intéressante. est celle de savoir quelle est la *juridiction compétente* pour connaître des demandes en *main-levée d'opposition* qui auraient pour objet des créances civiles.

'S'il s'agissait de créances commerciales, la difficulté n'existerait pas. le Tribunal de commerce est seul compétent. mais que décider pour les créances civiles ? La loi est muette et les Tribunaux n'ont eu, à notre connaissance, à se prononcer qu'une seule fois. Le Tribunal de commerce de Nice. par un jugement de la 1re chambre présidée par M. le Président Ventre (*Petites Affiches des A.-M.*. 1er avril 1911), décide, le 24 mars 1911. que le Tribunal de commerce est seul compétent pour connaître des demandes. en main-levée d'opposition, même si elles ont pour objet des créances civiles.

la vente a été rédigée sous seing privé, est
laissé, au domicile élu dans la publication,
à la disposition des créanciers du vendeur,
créanciers nantis ou chirographaires opposants en temps utile qui ont le droit de le
consulter sans le déplacer (art. 5-1°)

147. Pendant ce délai de *vingt jours*, ces
créanciers se rendent compte, par la lecture de l'acte de vente et des oppositions, si le
prix suffit à désintéresser tous les créanciers nantis ou chirographaires opposants
en temps utile. Au cas où le prix de vente
serait insuffisant, la loi du 17 mars 1909
leur reconnaît le droit de former, par la

Voici les deux attendus les plus intéressants :

« ...Attendu qu'il échet de remarquer que
Mangin a pratiqué son opposition en vertu de
la loi de 1909 ; qu'au point de vue de la juridiction civile l'opposition pratiquée par Mangin
est sans effet puisqu'elle n'a pas revêtu les formes prescrites pour les saisies-arrêts ; que la
connaissance de la demande en main-levée
d'une telle opposition, pratiquée selon les règles et les formes commerciales, ne peut être
que de la compétence des tribunaux de commerce conformément à l'esprit même de la loi
du 17 mars 1909 ;

« Attendu que les difficultés qui peuvent
naître de la vente et du nantissement du fonds
de commerce doivent être du ressort de la juridiction consulaire, puisque la vente et le nantissement des fonds de commerce sont essentiellement des contrats commerciaux ».

Un arrêt de la Cour de Poitiers, 1re chambre,
21 novembre 1910 (*Gazette du Palais*, janvier
1911, p. 49), déclare que la compétence attri-
buée à la juridiction commerciale par la loi

procédure de la surenchère du dixième que nous avons vue à l'occasion du privilège du vendeur, *une surenchère du sixième du prix principal du fonds de commerce*, non compris le matériel et les marchandises (art. 5-2°).

148. Nous devons faire remarquer le caractère tout à fait nouveau de cette disposition. Notre législation n'a, jusqu'à la loi du 17 mars 1909, appliqué la procédure de la surenchère du sixième qu'en matière immobilière, désormais la loi Cordelet l'autorise en cas de vente de fonds de commerce, c'est-à-dire dans une vente mobiliè-

---

du 17 mars 1909 est d'ordre public ; que cette loi a prévu et organisé, dans toutes ses dispositions, la compétence de la juridiction commerciale, sauf le cas où il s'agit de statuer sur les moyens de nullité de procédure de vente qui a précédé l'adjudication.

Et pour la première fois. depuis 1909, à notre connaissance, la question de compétence *ratione materiæ* se posait au sujet de difficultés relatives à la consignation du prix de vente, et la Cour de Poitiers, conformément aux travaux préparatoires, reconnaît la compétence commerciale. Et elle va jusqu'à décider qu'il importe peu qu'une clause insérée au cahier des charges antérieurement à la loi de 1909 stipule que le tribunal civil de telle localité sera seul compétent pour connaître de toutes les contestations relatives à l'exécution de l'adjudication quelle que soit la nature de ces contestations ». Une telle clause, dit l'arrêt, constituant une dérogation formelle aux dispositions de la loi de 1909. ne présente aucun caractère obligatoire.

Voir également la note sous le n° 142.

re (1). Nous nous bornons à signaler l'innovation sans la juger.

119. Mais à cause même de son caractère anormal, la législation nouvelle a voulu restreindre le champ d'application de cette surenchère aux cas seuls où elle peut être utile aux créanciers du vendeur. En matière *immobilière*, nous le savons, la surenchère ne s'applique qu'aux *ventes judiciaires* et n'est permise qu'aux *créanciers inscrits* ; au contraire, pour les *ventes de fonds de commerce, tous les créanciers,* même chirographaires, peuvent surenchérir, et de plus, autre différence, cette procédure n'est permise *que si la vente du fonds a été faite à l'amiable.* Le législateur a pensé que la vente à l'amiable, par suite de collusion possible, pouvait ne pas don-

---

(1) Y a-t-il surenchère du sixième au profit des créanciers du vendeur en cas de cession d'un ou de plusieurs des éléments dont l'ensemble constitue un fonds de commerce ?

Un jugement du Tribunal de commerce d'Oloron Sainte-Marie, en date du 21 décembre 1909 (*Gaz. Com. Lyon,* 26 janvier 1910 avec note) refuse le droit de surenchère dans ce cas. Cette décision est intéressante à plusieurs points de vue, et nous en donnons toute la doctrine.

« D'après les travaux préparatoires des lois des 17 mars et 1er avril 1909, doivent être considérés comme constituant le fonds de commerce dont l'aliénation est soumise aux formalités édictées par ces textes, l'ensemble des éléments qui servent à un commerçant pour l'exercice de sa profession, notamment la clientèle, l'achalandage, le droit au bail, le nom

ner le prix maximum qui eut permis de désintéresser les créanciers.

Conditions d'exercice. — 150. On le voit donc, plusieurs restrictions ont été apportées à l'exercice de la surenchère : 1° la surenchère doit être faite dans le délai de 20 jours qui suivent la deuxième publication ; 2° la surenchère n'est pas admise après la vente judiciaire d'un fonds de commerce ou la vente poursuivie à la requête d'un syndic de faillite, de liquidateurs et d'administrateurs judiciaires,ou de co-propriétaires indivis du fonds, faite aux enchères publiques (art. 5-3°) ; 3° l'officier public commis pour procéder à la vente devra n'admettre à enchérir que

commercial, l'enseigne, les brevets d'invention, le matériel et les marchandises.

« En cas de vente d'un ou de plusieurs de ces éléments seulement, les formalités organisées par les articles 3 et 4 pour la validité de la vente et du paiment n'ont pas à être accomplies, et le droit de surenchère du sixième prévu par l'article 5 ne compète pas aux créanciers, qui n'ont d'autre ressource que l'action judiciaire en cas de fraude.

« Ne constitue donc pas la vente d'un fonds d'entrepreneurs de transports, la cession par ledit entrepreneur d'un marché passé par lui, par voie d'adjudication, avec l'Administration des Postes, pour le service du transport des dépêches et des colis-postaux dans une autre commune, quand bien même, avec le marché, seraient cédés aussi le matériel et les chevaux nécessaires au transport non seulement des dépêches, mais aussi des voyageurs ».

des personnes dont la solvabilité lui sera connue, ou qui auront déposé soit entre ses mains, soit à la Caisse des Dépôts et Consignations, avec affectation spéciale en paiement du prix, une somme (1) qui ne pourra être inférieure à la moitié du prix total de la première vente, ni à la portion du prix de ladite vente stipulée payable comptant, augmentée de la surenchère (art. 5-4°) ; 4° le créancier surenchérisseur au cas où aucune enchère ne se produirait, est déclaré adjudicataire, avec toutes les conséquences (art. 23-6°).

____

(1). Les tribunaux ont eu rarement à s'occuper depuis la loi nouvelle de la surenchère du sixième mise sur les fonds de commerce. Nous connaissons peu de décisions. L'une est du Tribunal de commerce de Lyon, en date du 5 juillet 1910 (*Gaz. com. Lyon.* 25 février 1911).

« Aux termes des articles 3, 5 et 23 de la loi du 17 mars 1909, toute vente ou cession d'un fonds de commerce doit être publiée par extrait, dans un délai de quinzaine, par la voie d'un journal à la diligence de l'acquéreur ; tout créancier du précédent propriétaire peut prendre communication dudit acte à domicile élu et introduire devant le Tribunal de commerce, dans les délais fixés une surenchère du sixième.

« Cette réquisition n'est pas soumise, par la loi, au dépôt préalable d'une caution. Le Tribunal, en désignant l'officier ministériel commis pour rédiger le cahier des charges et procéder à l'adjudication ne peut pas ordonner l'insertion d'une clause qui imposerait à l'acquéreur une charge non prévue par la loi ou modifierait les formalités qu'elle a prescrites ».

Procédure. — 151. La procédure de la surenchère du sixième est celle de la surenchère du dixième (art. 5-2°, 23), que nous avons vue à propos de la purge des créances inscrites (1). L'adjudication sur surenchère du sixième a lieu aux mêmes conditions et délais que la vente sur laquelle la surenchère est intervenue (art. 5-5°).

Effets. — 152. Si l'acquéreur surenchéri est dépossédé par suite de la surenchère (2) il doit sous sa responsabilité, remettre les oppositions formées entre ses mains à l'adjudicataire, contre un reçu de celui-ci dans

---

(1) « Aucune formule sacramentelle n'ayant été imposée par la loi du 17 mars 1909, est régulière la surenchère du sixième faite par un créancier non contesté qui a formé opposition à la distribution du prix de vente d'un fonds dans les délais impartis par l'article 3 de ladite loi.

« L'article 23 n'impose aucun délai pour la soumission et la réalisation de la caution qu'il exige.

« Le même article prescrit que l'acquéreur du fonds surenchéri doit être considéré comme l'administrateur ».

Tribunal de commerce de Marseille, 12 mai 1910 (*Rec. Marseille*, 1910, 1.253).

(2) Au point de vue des effets de la surenchère du sixième, signalons dans un cas non prévu par la loi nouvelle, une fort intéressante décision du Tribunal de commerce de Nice, en date du 2 mai 1911 (*Petites Affiches des A.-M.*, 6 mai 1911, avec note) :

Dans l'intervalle entre l'acte de vente d'un

la huitaine de l'adjudication, s'il ne les a
pas fait connaître antérieurement par mention insérée au cahier des charges ; l'effet
de ces oppositions est reporté sur le prix de
l'adjudication (art. 5-6°), qui est distribué
amiablement entre les créanciers inscrits
et opposants, ou consigné, au fur et à mesure de son exigibilité, conformément à
l'article 6.

153. Lorsque le *prix de la vente est définitivement fixé* (1), qu'il y ait ou non surenchère, l'acquéreur, à défaut d'entente
entre les créanciers pour la distribution
amiable de son prix, est tenu, *sur la sommation de tout créancier*, et dans la quin-

---

fonds de commerce et la signification de la
surenchère à l'acquéreur, celui-ci a sur le fonds
un véritable droit de propriété. En conséquence, il peut acheter, dans l'intérêt de l'exploitation du fonds, le matériel utile, et l'adjudicataire devra reprendre le matériel ainsi acheté
à sa valeur au moment de la surenchère.

(1). Un jugement du Tribunal de commerce
de Marseille en date du 30 novembre 1910 (*Gaz.
du Pal.*, janvier 1911, *Bulletin du Palais*, 22
avril 1911), vise un cas où le prix de vente est
définitivement fixé :

La consignation prévue par l'article 6 de la
loi de 1909, ne peut être ordonnée alors qu'à
défaut de la sommation préalable, visée dans
l'article 16, la procédure de purge étant encore
possible, le prix n'est pas encore définitivement
fixé.

Faisons observer que le texte de l'article 6
est formel en ce sens. Au reste, M. Cordelet,
dans son rapport au Sénat, s'exprimait ainsi :
« L'acquéreur ne peut être tenu de consigner

zaine suivante, de consigner la portion exigible du prix, et le surplus au fur et à mesure de l'exigibilité, à la charge de toutes les oppositions faites entre ses mains ainsi que des inscriptions grevant le fonds et des cessions qui lui ont été notifiées (article 6). (2). On peut se référer à ce que nous avons dit, à propos des obligations spéciales de l'acheteur et notamment du paiement du prix (n°s 134 et suivants).

---

aussi longtemps que la surenchère est possible ».

Un autre cas de consignation est indiqué par l'arrêt de la Cour de Poitiers du 21 novembre 1910 (*Gaz. Pal.*, janvier 1911, p. 49 :

Le vendeur d'un fonds de commerce déclaré adjudicataire sur revente, et sommé en vertu de l'article 6 de la loi de 1909 par un créancier régulièrement inscrit d'opérer la consignation de son prix, ne saurait pour se soustraire à cette obligation, invoquer une clause de l'acte de vente primitif relative à la compensation à due concurrence entre sa créance comme vendeur et le prix stipulé dans le procès-verbal d'adjudication sur revente, ladite clause étant nulle désormais.

Il est tenu de consigner, alors même qu'il serait fondé à se prévaloir du privilège qu'il prétend posséder lui-même sur le fonds de commerce, sauf à discuter ensuite, lors de la répartition des deniers entre les ayants-droit, la valeur et le rang de ce privilège.

(2). Au sujet de la consignation du prix, si des difficultés s'élèvent entre l'acquéreur et les créanciers, quelle sera la juridiction appelée à statuer ? La loi du 17 mars 1909 est muette dans son texte tout au moins, mais les travaux

CHAPITRE VI

Vente forcée

154. En vertu des articles 2092 et 2093 du Code civil, les biens du débiteur sont le gage commun de ses créanciers. Par application de ces principes, le fonds de commerce est le gage commun et des créanciers inscrits et des créanciers chirographaires. Si donc le terme étant échu le débiteur ne paie pas ,les créanciers peuvent réaliser leur gage, faire ordonner par jugement la vente du fonds de commerce aux enchères publiques.

La loi du 17 mars 1909 règle (art. 15-21) la procédure et les cas de vente forcée, et suppose un débiteur encore à la tête de ses affaires, mais la procédure ne serait pas changée en cas de faillite, nous savons déjà, en effet, que la loi nouvelle (art. 2-7°) dispense le vendeur non payé et le créan-

---

préparatoires donnent la solution. Pour la première fois, à notre connaissance, la question s'est posée devant la Cour de Poitiers qui par l'arrêt précité du 21 novembre 1910, a décidé, conformément aux travaux préparatoires :

Depuis la loi du 17 mars 1909, les Tribunaux de commerce sont seuls compétents pour statuer sur la demande en consignation du prix de vente d'un fonds de commerce formée contre l'adjudicataire par un créancier nanti dans les termes de l'article 6 de ladite loi.

cier gagiste de subir la règle de la suspension des poursuites individuelles et leur permet d'exercer leurs droits dans la faillite.

Les demandes à fin de vente publique du fonds peuvent être dirigées par tous les créanciers contre l'acquéreur lui-même. Mais lorsque le fonds a été revendu, les créanciers inscrits, en vertu de leurs droits de suite (art. 22-1°) peuvent aussi agir contre le tiers acquéreur (art. 16-1°) à moins que celui-ci n'ait fait une purge régulière.

Section I

Divers Cas de Vente Forcée

155. Il y a quatre cas de vente forcée du fonds de commerce :

1° Après les poursuites de saisie-exécution exercées par tout créancier sur les éléments corporels du fonds (art. 15) ;

2° Après sommation de payer faite par les créanciers inscrits et demeurée infructueuse (art. 16) ;

3° Au cours de poursuites judiciaires à fin de paiement d'une créance se rattachant au fonds (art. 18) ;

4° Au cours de poursuites tendant à la vente séparée d'un ou plusieurs éléments du fonds (art. 20).

§ 1. *Vente sur saisie-exécution*

156. Un débiteur est responsable de ses engagements sur tous ses biens (art. 2092

Civ.). Un créancier, inscrit ou chirographaire, peut donc, en vertu d'un titre exécutoire (acte notarié de vente ou de nantissement ou jugement condamnant le
débiteur), saisir les biens du débiteur. S'il
veut saisir son fonds de commerce, il est
arrêté par une difficulté : le fonds est un
meuble incorporel, il ne peut donc le
saisir, mais il peut fort bien exercer cette
voie d'exécution sur les éléments corporels
du fonds de commerce, c'est-à-dire le matériel et les marchandises. (1).

Demandée par le créancier poursuivant.
— Il faut bien le reconnaître, ce démembrement doit nécessairement entraîner au
préjudice du fonds une dépréciation sans
doute importante qu'ont intérêt à éviter
et le débiteur et aussi le créancier poursuivant. Aussi la loi du 17 mars 1909 a-t-
elle décidé que le *créancier*, exerçant une
saisie-exécution sur le fonds, a le droit de
demander, devant le tribunal de commer-

______

(1). Le propriétaire qui n'a demandé contre
son locataire, possesseur d'un fonds de commerce, que sa condamnation aux loyers dus et
la conversion en saisie-exécution de la saisie-
gagerie, sans réclamer la résiliation du bail,
n'est obligé qu'à notifier sa poursuite aux créanciers inscrits dix jours avant la vente, mais
n'est pas astreint à notifier sa demande en justice aux dits créanciers, non plus qu'à laisser
écouler un mois du jour de cette signification
avant que le jugement soit rendu sur cette demande. (Tribunal civil de Marseille, 15 juin
1910.Juris. Civ. Marseille, 1910-469).

ce dans le ressort duquel s'exploite le fonds de commerce du saisi avec le matériel et les marchandises qui en dépendent.

Par le débiteur. — Le *débiteur* peut aussi demander la vente du fonds pour éviter le morcellement de celui-ci (art. 15-1°).

157. Sur la *demande du créancier* poursuivant, le tribunal de commerce ordonne qu'à défaut de paiement dans le délai imparti au débiteur, la vente du fonds aura lieu à la requête dudit créancier, après l'accomplissement des formalités que nous examinerons plus loin (art. 15-2°).

Il en sera de même si, sur l'instance *introduite par le débiteur*, le créancier demande à poursuivre la vente du fonds (art. 15-3°). S'il ne le demande pas, le tribunal de commerce fixe le délai dans lequel la vente du fonds devra avoir lieu à la requête du débiteur, suivant les mêmes formalités que nous examinerons plus loin (article 15-4°).

§ 2. *Vente sur poursuites d'un créancier inscrit*

158. Tout créancier inscrit (1) sur un

---

(1). L'article 16 en obligeant les créanciers inscrits sur un fonds de commerce a faire sommation de payer au débiteur avant de faire ordonner la vente, n'entend pas nécessairement les créanciers inscrits en personne, mais, à leur place, les *subrogés* légaux ou conventionnels dont les créanciers sont les auteurs. (Tribunal de commerce de Nice, 31 mars 1911 *(Petites Affiches des A.-M.*, 8 avril 1911).

fonds de commerce, vendeur ou créancier ayant nantissement, qui n'est pas payé, peut, même en vertu de titres sous-seing privé, faire ordonner la vente du fonds qui constitue son gage (1). Il commencera par faire sommation par huissier de payer. Cette sommation sera faite au débiteur lui-même et au tiers-détenteur, au cas où le débiteur a revendu le fonds.

Huit jours après cette sommation (2), si elle est demeurée infructueuse, le vendeur et le créancier gagiste peuvent demander

---

(1) Doit-on considérer comme un créancier inscrit, et partant comme soumis à la procédure de l'article 16, le vendeur d'un fonds de commerce qui, antérieurement à la loi de 1909, aurait été admis au passif chirographaire de son acquéreur ? Un arrêt de la Cour de Paris, en date du 12 avril 1910 *(Gaz. Pal.* 1910, 2.329), décide :

Dans la vente d'un fonds de commerce conclue antérieurement à la promulgation de la loi du 17 mars 1909, si le vendeur a fait inscrire son privilège dans la quinzaine de cette promulgation. délai porté à un mois par la loi du 1er avril 1909, on ne saurait repousser sa demande de privilège par le motif qu'il avait été admis au passif chirographaire de son acquéreur antérieurement à la loi nouvelle et qu'il serait ainsi lié par le contrat judiciaire intervenu à cette époque.

(2) Le créancier gagiste inscrit sur un fonds de commerce ne peut faire ordonner la vente du fonds que huit jours après une sommation de payer demeurée infructueuse. (Tribunal de commerce de Nice, 18 août 1910. *Rec. Judic. des A.-M.*, 1910, p. 151).

au tribunal de commerce du lieu dans le ressort duquel s'exploite le fonds, et faire ordonner la vente du fonds, en un mot ils peuvent faire ordonner la réalisation de leur gage. Le tribunal statue dans la forme que nous examinerons plus loin. Cette réalisation devra comprendre non seulement les éléments du fonds qui sont grevés mais tous les autres (art. 16) (1).

§ 3. *Vente sur poursuites d'un créancier non inscrit*

159. L'article 18 de la loi du 17 mars 1909 introduit une disposition en faveur des créanciers chirographaires d'un fonds. Un fournisseur, au cours de l'exploitation du commerce, a fait du crédit au commerçant, et celui-ci, à l'échéance, ne paie pas sa dette. Ce fournisseur, qui a

---

(1) Au sujet de la procédure à suivre, le Tribunal de commerce de la Seine, par un jugement en date du 23 avril 1910 (*La Loi*, 31 mai 1910), envisage l'hypothèse du *bailleur non payé*.

L'article 16 de la loi du 17 mars 1909 dispose que le vendeur et le créancier gagiste inscrits sur un fonds de commerce, peuvent faire ordonner la vente du fonds qui constitue leur gage, huit jours après une sommation de payer faite au débiteur, et ce, dans les formes prévues aux paragraphes 5, 6, 7 et 8 de l'article 15 de ladite loi. Ils sont donc investis d'un droit personnel, et c'est à leur requête que la vente doit être ordonnée, et non à la requête du liquidateur judiciaire.

La production au passif de la liquidation ju-

ainsi aidé à l'exploitation du fonds, a le droit de demander au tribunal de commerce, en même temps que la condamnation de son débiteur, la vente du fonds de celui-ci. Mais il est certain que c'est une pure faculté pour le tribunal d'ordonner la vente ; s'il l'ordonne, il fixe le délai après lequel, à défaut de paiement, la vente pourra être poursuivie(art. 18).

§ 4. *Vente in globo à la suite de vente séparée d'un élément*

160. Tout créancier inscrit ou chirographaire (1), qui poursuit, soit sur saisie-exécution, soit en vertu de la loi nouvelle, la vente séparée d'un ou plusieurs éléments

---

diciaire, la vérification et l'affirmation de leur créance, ne sont pas obligatoires pour les créanciers qui se bornent à poursuivre la réalisation du gage qui leur est spécialement affecté. (Voir n° 89 et la note).

Il résulte de l'article 16 que le propriétaire de l'immeuble où s'exploite le fonds de commerce n'est tenu de notifier aux créanciers antérieurement inscrits que sa demande en résiliation du bail.

L'article 20 ne prévoit que la vente séparée d'un ou plusieurs éléments du fonds de commerce grevé d'inscriptions, poursuivie soit sur saisie-exécution, soit en vertu de la loi elle-même, et ce, dix jours au plus tôt après la notification de la poursuite aux créanciers inscrits.

(1). Aux termes de la jurisprudence, un bailleur peut toujours stipuler que le bail cessera de plein droit à défaut de paiement d'un seul terme du loyer après un commandement non

d'un fonds de commerce grevé d'inscriptions, doit notifier sa poursuite aux créanciers inscrits depuis au moins quinze jours,
au domicile élu par eux dans leurs inscriptions.

La vente ne peut avoir lieu que dix jours
après cette notification. Pendant ce délai
de dix jours, tout créancier inscrit, que sa
créance soit échue ou non échue, peut
assigner les intéressés devant le tribunal
de commerce dans le ressort duquel s'exploite le fonds, pour demander qu'il soit

suivi d'effet et sans autre formalité. Le bailleur
peut également saisir les meubles de son locataire. Dans quelle mesure l'exercice de ce double droit peut-il se concilier avec l'application
de la loi du 17 mars 1909 ?

La réponse est donnée par la 6e chambre de
la Cour de Paris dans un arrêt du 26 novembre
1910 (*La loi*, 14 avril 1911, *Gaz. Trib.*, février
1911, 2.182), dont voici la doctrine :

La loi du 17 mars 1909 sur la vente et le nantissement des fonds de commerce, n'impose au
propriétaire de l'immeuble dans lequel s'exploite un fonds de commerce grevé d'inscription, qui veut poursuivre la résiliation du bail,
d'autre obligation que de notifier sa demande
aux créanciers antérieurement inscrits et d'at-
tendre un mois à dater du jour de la notification avant de prendre jugement (art. 14).

Le bailleur peut donc, à défaut de paiement
des loyers, et suivant les conventions du bail,
obtenir du juge des référés l'expulsion de son
locataire, mais l'exercice de ce droit ne préju-
dicie en aucune façon aux droits des créanciers
inscrits, de poursuivre la vente des objets mobiliers qui constituent leur gage en se confor-

procédé à la vente de tous les éléments du fonds, à la requête du poursuivant ou à sa propre requête (art. 20-1°).

161. Le matériel et les marchandises sont vendues en même temps que le fonds, sur des mises à prix distinctes, ou moyennant des prix distincts si le cahier des charges oblige l'adjudicataire à les prendre à dire d'experts (art. 20-2°).

162. Certains éléments du fonds vendu peuvent n'être pas grevés des privilèges inscrits. Si, par exemple, le débiteur a

---

mant aux prescriptions de la loi de 1909, ou aux droits des créanciers inscrits à défaut du poursuivant.

Mais le bailleur ne peut se faire autoriser par le juge des référés à continuer les poursuites sur les derniers errements de la procédure, alors que le poursuivant a obtenu du Tribunal de commerce un jugement ordonnant la vente aux enchères publiques dudit fonds de commerce.

En dehors d'une disposition expresse et spéciale de la loi du 17 mars 1909, il ne saurait appartenir au juge des référés de paralyser l'effet d'une décision de justice passée en force de chose jugée, qui, par sa nature même, s'impose à tous les créanciers, fait leur loi commune, et dont le débiteur poursuivi est, le cas échéant, appelé à bénéficier.

Le bailleur peut bien, en pareil cas, à l'expiration des délais impartis, se faire autoriser par le juge des référés à réaliser lui-même la vente du fonds ordonnée par le Tribunal, mais non solliciter l'autorisation de continuer les poursuites par la vente des objets saisis à la requête des créanciers inscrits.

pris un brevet d'invention après l'achat du fonds, ce brevet n'est pas grevé du privilège du vendeur. Il y a lieu alors à ventilation, c'est-à-dire à distribution du prix de la vente, abstraction faite de la portion correspondante aux éléments non grevés, entre les divers éléments du fonds, proportionnellement à la valeur de chacun d'eux.

Section II

JUGEMENT ORDONNANT LA VENTE PUBLIQUE

163. Le tribunal de commerce saisi (*), dans les quatre cas que nous avons examinés plus haut, d'une demande à fin de vente publique d'un fonds de commerce, rend un jugement contenant diverses dispositions énumérées par l'article 15 de la loi du 17 mars 1909.

(*) **Note.** — La question de compétence *ratione materiæ* divise la jurisprudence qui s'établit sur la nouvelle loi de 1909. Recherchons à la lumière du texte même de la loi et des travaux préparatoires, quelle est la solution qui s'impose.

L'article 16-2° dit à propos de la vente forcée : « La demande est portée devant le Tribunal de commerce dans le ressort duquel s'exploite ledit fonds, lequel statue comme il est dit aux paragraphes 5, 6, 7 et 8 de l'article précédent ». Ce paragraphe de l'article 16 et l'article 15 dérivent de l'amendement du sénateur Vallé, amendement qui a été adopté contre le rapporteur et en deuxième lecture le 13 mars 1908.

Dans son rapport supplémentaire, M. Cor-

delet écrivait : « S'il n'y a pas de titre exécutoire, la Commission s'en réfère purement et
simplement aux principes du droit commun,
tels qu'ils résultent de la loi et d'une jusrispru-
dence constante. Les tribunaux de commerce,
tribunaux d'exception, ne peuvent connaître
que des objets qui leur sont spécialement attri-
bués, articles 631, 632, 633. En dehors des
actes réputés actes de commerce quelle que soit
la qualité de leurs auteurs, les tribunaux de
commerce ne sont seuls compétents que si l'acte
qui donne lieu au litige a un caractère commercial à l'égard des deux parties. La partie
qui n'a pas fait acte de commerce a la faculté
d'actionner devant la juridiction civile. En ré-
sumé : compétence exclusive du tribunal de
commerce si la vente ou le nantissement a un
caractère commercial, droit d'option pour le
créancier entre le tribunal de commerce et le
juge des référés si la créance n'a, à son égard,
qu'un caractère purement civil ».

A la deuxième délibération, M. Vallé dépose
son amendement qui est devenu l'article 16-2°,
et il l'explique.

Au sujet de la compétence exclusive du tribunal de commerce, même pour un non commerçant, M. Vallé indique qu'il ne s'agit pas de
discuter le principe ou le quantum de sa créance. Voir dans ce sens un jugement du Trib.
com. Marseille, 7 septembre 1909 (Recueil Marseille, 1910, 1.38). « Sa créance, dit-il, est hors
de conteste ; il n'y a qu'à faire apprécier l'op-
portunité et les modalités de la vente du fonds
de commerce, débat essentiellement commercial ». Si le président en référé est compétent
pour ordonner la vente, il tient son pouvoir,
non de la loi, mais de la plupart des conventions des parties qui décident que « le fonds,
ce sont les paroles même de M. Vallé, sera vendu aux enchères publiques par devant tel notaire qu'il plaira à M. le Président du Tribunal

civil de commettre par simple ordonnance de
référé. La loi, une fois votée dans le sens que
je réclame, rien n'empêchera les parties, si
elles ont quelque raison de ne pas vouloir du
tribunal de commerce, de faire de pareils ac-
cords et de désigner le juge des référés ». Voir
en ce sens Tribunal civil de la Seine (référés),
19 juin 1909 *(Le Droit*, 2 juillet 1909).

Après ces considérations générales que nous
venons de résumer, M. Vallé s'occupe du texte
de la Commission. Il indique qu'il sera d'abord
difficile de déterminer la nature commerciale
ou civile dans bien des espèces, par exemple si
un non commerçant prête à un commerçant
avec intérêt de 2 ou 3 % et, en plus, une part
dans les bénéfices. Il faudra donc un procès
pour déterminer la nature de la créance. « Ce
qu'on veut, dit-il, ce que le commerce réclame,
c'est la simplicité, la rapidité et le moins de
frais possible, et c'est tout le contraire que vous
lui donnez ». M. Vallé ajoute un autre argument : le tribunal civil est dans l'arrondissement, lequel peut ne pas être commerçant,
tandis que dans les villes commerçantes, il y a
un tribunal de commerce. Pourquoi imposer
un voyage aux parties ?

M. Louis Legrand, président de la Commission, répliqua que la Commission appliquait
l'article 631 qui est le droit commun en matière commerciale, et qu'on ne devait pas le
violer. Si les tribunaux de commerce ont une
capacité particulière en ce qui concerne l'appréciation des conditions de la vente d'un fonds
de commerce, « les tribunaux civils, dit M.
Legrand, ont la même capacité et ils l'ont pour
plusieurs raisons. J'ajoute qu'il y a beaucoup
de cas, même après l'amendement de M. Vallé,
où le président du tribunal des référés continuerait à statuer sur la vente des fonds de commerce, à la requête d'héritiers bénéficiaires,
ou ne voulant pas prendre qualité, ou à la re-

quête de co-propriétaires indivis. (Sénat, séance du 6 mars 1908, *Officiel*, 7 mars 1908, p. 302 et 303 ; 13 mars, *Officiel*, 14 mars, p. 358).

Malgré toute l'insistance mise par la Commission, malgré l'intervention de M. Briand. ministre de la Justice, le Sénat adopta l'amendement Vallé qui est l'article 16-2° actuel. C'est dire que le Parlement a voulu la compétence exclusive du Tribunal de commerce en cas de silence de la convention. Cette théorie introduite dans une loi qui fait table rase des principes de droit sommun et s'inspire uniquement de la pratique des affaires, est évidemment elle aussi exorbitante du droit commun, mais c'est la théorie qui ressort formellement des travaux préparatoires.

Nous disions en commençant que cette question de compétence divisait la jurisprudence depuis la loi nouvelle. En faveur de la compétence civile, suivant la distinction faite dans le rapport supplémentaire de M. Cordelet rapportée plus haut, nous trouvons un jugement du Tribunal de paix de Marseille, en date du 4 juin 1909 (*Moniteur de Lyon*, 13 no. 1909) qui décide que la loi nouvelle n'a point en ce qui concerne les créanciers non inscrits et opposants sur le prix de vente du fonds, dérogé au droit commun. Un autre jugement du Tribunal de commerce de Nice du 3 août 1909 (*La Loi*. 4 juin 1910), déclare le tribunal de commerce incompétent pour donner main-levée de son opposition au vendeur. Un troisième jugement du Tribunal civil de Rambouillet, en date du 8 juin 1910 (D. 1911, 5.8) se reconnaît compétent pour valider la saisie-arrêt d'un bailleur entre les mains de l'acquéreur du fonds de commerce sur le prix de vente de ce fonds pour sûreté de loyers à échoir jusqu'à l'expiration du bail.

Nous trouvons pour la compétence commerciale et conformément aux travaux préparatoires plusieurs décisions qui paraissent faire une exacte application de l'esprit de la loi. Un jugement du Tribunal de commerce de Tourcoing en date du 19 octobre 1909 (*Recueil judiciaire du Nord*, 1910. 34), déclare la juridiction commerciale exclusivement compétente en matière de résiliation d'un bail d'un immeuble où s'exploite le fonds de commerce. Sur la même question de la résiliation du bail, le Tribunal civil de Montreuil-sur-Mer le 11 mars 1910, (*Gaz. Tribunaux*, 10 avril 1910) adopte la même solution et va jusqu'à décider que l'incompétence du Tribunal civil en pareille matière est absolue et peut être soulevée en tout état de cause et même d'office ». La Cour de Douai (2ᵉ chambre), 7 avril 1910 (*Recueil judiciaire du Nord*, 1910, 196), déclare qu'en vertu de l'art. 18 de la loi de 1909, aux termes duquel « le tribunal de commerce saisi de la demande en paiement d'une créance se rattachant à l'exploitation du fonds » la loi « a déféré aux tribunaux de commerce, les demandes en paiement de loyer ou de créances se rattachant, etc... ». Cet arrêt est celui qui a tiré les plus extrêmes conséquences et de l'article 18 et de l'esprit de la loi. Le tribunal de commerce de Tourcoing, par un jugement du 9 nov. 1909 (D. 1910, 2.252), à propos de la main-levée d'une opposition à la vente d'un fonds de commerce demandée par un créancier hypothécaire inscrit sur l'immeuble, a décidé que « le tribunal de commerce du siège du fonds, seul compétent pour ordonner la vente, est compétent pour connaître de toutes les difficutés ayant trait à cette vente ».

1° Le tribunal nomme, s'il y a lieu, un administrateur provisoire du fonds, au cas par exemple où le commerçant débiteur serait parti sans esprit de retour, ou si, étant présent, le tribunal a de justes craintes de détournement.

2° Le tribunal fixe les mises à prix. On sait que l'article 1er de la loi Cordelet établit trois prix distincts pour un fonds de commerce : le prix des éléments incorporels, celui du matériel et celui des marchandises.

3° Le tribunal détermine les conditions principales de la vente, telles que les charges particulières du fonds, les conditions de paiement. Celui-ci est-il nécessairement comptant ? La loi est muette, et le tribunal, si l'on s'en réfère à l'esprit de la loi, ne paraît pas obligé d'indiquer un paiement entièrement comptant. En effet, il y a le privilège du vendeur entraînant à son profit un droit de suite et de préférence, et nous savons qu'en cas de paiement à terme la revente du fonds par l'acheteur ne lui enlève pas le bénéfice du terme, le privilège du vendeur primitif suit le fonds.

4° Le tribunal commet pour procéder à la vente un officier public, c'est-à-dire les notaire et commissaires-priseurs, qui devront dresser le cahier des charges.

5° Le tribunal ordonne, s'il y a lieu, une publicité extraordinaire, en outre de celle que nous examinerons plus loin, par exemple des suppléments d'insertions, des distributions de prospectus dans la rue. Si ce n'est qu'après le prononcé du jugement que l'on se rend compte de la nécessité d'une publicité extraordinaire, le poursuivant présente requête au président du tribunal de commerce qui l'autorisera par ordonnance.

6° Le Tribunal peut, par son jugement, autoriser le poursuivant, s'il n'y a pas d'autre créancier inscrit ou opposant, et sauf prélèvement des frais privilégiés au profit de qui de droit, à toucher directement et sur sa simple quittance, soit de l'adjudicataire, soit de l'officier public vendeur, selon le cas, en déduction ou jusqu'à concurrence de sa créance en principal, intérêts et frais.

Procédure. — 164. Le tribunal statue dans la quinzaine de la première audience, par jugement exécutoire sur minute.

165. Ce jugement n'est pas susceptible *d'opposition*. Mais *l'appel* est suspensif. L'appel doit être formé dans la quinzaine de la signification du jugement à partie et jugé sommairement par la Cour d'appel dans *le mois*. L'arrêt de la Cour est exécutoire sur minute. (Cette disposition n'étant pas prescrite à peine de nullité, en pratique le tribunal de commerce et la Cour ne jugent jamais dans le mois, comme en matière d'accident du travail).

Section III

Publicité de la Vente Forcée

166. Celui qui poursuit la vente, créancier ou débiteur, fait sommation au propriétaire du fonds et aux créanciers inscrits avant le jugement qui a ordonné la vente,

au domicile par eux élu dans leurs inscriptions, quinze jours avant la vente, de
prendre communication du cahier des
charges, de fournir leurs dires et observa-
tions et d'assister à l'adjudication, si bon
leur semble (art. 17-1°).

Mentions des affiches. — 167. La publicité de la vente consiste dans l'apposition
d'affiches indiquant les noms, professions
domiciles du poursuivant et du propriétaire du fonds, le jugement ordonnant la
vente, élection de domicile dans le lieu où
siège le tribunal de commerce dans le ressort duquel s'exploite le fonds, les divers
éléments constitutifs du fonds, la nature
de ses opérations, sa situation, les mises à
prix, le lieu, le jour et l'heure de l'adjudication, le nom et le domicile de l'officier
public commis, notaire ou commissaire
priseur, dépositaire du cahier des charges.
Ces affiches doivent être apposées au moins
dix jours avant le jour de la vente ((art.
17-2°).

Lieux d'apposition des affiches. — 168.
L'officier public, notaire ou commissaire-
priseur, doit nécessairement apposer les affiches à la porte principale de l'immeuble
et de la mairie de la commune où le fonds
est situé, du tribunal de commerce dans le
ressort duquel se trouve le fonds et de
l'officier public commis. A côté de ces ap-
posititions, il faut, dans le même délai de
dix jours avant la vente insérer l'affiche
dans un journal d'annonces légales du ressort du Tribunal de commerce, ou, à défaut, du tribunal de l'arrondissement où

le fonds est situé. Contrairement à l'article 619 du Code de procédure civile qui veut que la publicité soit constatée par une procès-verbal d'affiches, il suffit ici que cette constatation soit mentionnée dans le procès-verbal de la vente (art. 17-2° à 5°).

Section IV

Procédure

169. Nous savons que la vente ne peut avoir lieu que dix jours au moins après l'apposition des affiches.

Le Président du Tribunal civil de l'arrondissement où s'exploite le fonds est compétent pour statuer, s'il y a lieu, sur les moyens de nullité de la procédure antérieure à l'adjudication, et sur les dépens. Les moyens de nullité doivent, à peine de déchéance, être opposés huit jours au moins avant l'adjudication.

L'ordonnance du président du tribunal civil sera exécutoire sur minute et n'est pas susceptible d'opposition. L'appel de l'ordonnance est suspensif ; il est formé dans la quinzaine de sa signification et jugé sommairement par la Cour dans le mois, l'arrêt est exécutoire sur minute (article 17-6°).

Section V

Folle-Enchère de l'Adjudication

170. Faute par l'adjudicataire d'exécuter les clauses de l'adjudication, le fonds sera vendu à sa folle-enchère, selon les formes

que nous avons étudiées avec la publicité
de la vente ordonnée par le tribunal (1).

Le fol-enchérisseur est tenu, envers les
créanciers du vendeur et le vendeur lui-
même, de la différence entre son prix et
celui de la revente sur folle-enchère, sans
pouvoir réclamer l'excédent s'il y en a (article 19).

On sait que lorsque la vente du fonds a
eu lieu avec publicité et concurrence (art.
5, 15 à 18, 20 et 23), les créanciers inscrits
ayant été régulièrement appelés, il ne peut
y avoir de surenchère (art. 21).

CHAPITRE VII

Distribution du Prix

La vente d'un fonds de commerce étant
effectuée, le prix doit être payé par l'acheteur, nous avons examiné cette obligation

---

(1). Les actes se rattachant à la procédure
organisée pour la réalisation d'un fonds de
commerce donné en gage aux créanciers, tels
que : 1° le compte dressé par un administrateur
provisoire nommé en exécution de l'article 15
de la loi du 17 mars 1909 ; 2° le quittus donné
à ce mandataire de justice ; 3° et l'ordonnance
de taxe de ses honoraires, restent sous l'empire
du droit commun en matière d'enregistrement.

Sol. Enregistrement, 24 mai 1910 (Rép. Enregistrement 1910, 703).

de l'acheteur au paiement du prix. S'il y a des créanciers du vendeur, c'est à eux, jusqu'à concurrence de leurs créances, que doit être versé le prix. Mais comment ce prix peut-il être distribué ? Quel est le rang des créanciers ?

Section I

MODES DE DISTRIBUTION DU PRIX

171. La loi du 17 mars 1909 ne prescrit pas de quelle manière l'acheteur doit distribuer son prix. Il y a nécessairement 3 modes : distribution amiable, distribution par voie de contribution, distribution par voie de faillite ou de liquidation judiciaire.

Distribution amiable. — 172. La distribution amiable est la seule dont parle la loi Cordelet (art. 5), c'est la plus rapide et la moins coûteuse, mais il faut le consentement unanime des créanciers inscrits et opposants. L'acheteur serait-il valablement libéré vis-à-vis des créanciers en déposant son prix en mains de l'intermédiaire rédacteur de l'acte, au cas où celui-ci ne distribuerait pas les deniers ? Non, ce dépôt n'est pas une obligation pour l'acheteur qui conserve son prix jusqu'au moment du paiement amiable ou de la consignation.

Distribution par contribution. — 173. Si les créanciers ne peuvent se mettre d'accord pour la distribution des deniers provenant de la vente, nous savons que l'acheteur consigne son prix (art. 5) dans la quinzaine de la sommation et que s'il s'y refuse il peut y être contraint par un jugement du tribunal de commerce. La loi Cordelet ne va pas plus loin, elle se réfère donc aux modes de distribution déjà existants, c'est-à-dire à la distribution par contribution qui relève du tribunal civil. Si cependant tous les créanciers opposants ou inscrits ont fait acte de commerce, le tribunal de commerce est compétent et devra distribuer par la procédure de la distribution par contribution.

Distribution par voie de faillite. — 174. Si un jugement prononce la faillite ou la liquidation judiciaire avant la distribution du prix de vente, celui-ci sera distribué par le syndic ou le liquidateur sous la forme de vérification et affirmation de créances. Sur la question de savoir si le privilège du vendeur doit être vérifié, voir plus haut n° 89.

Section II

RANG DES CRÉANCIERS

175. Les créanciers chirographaires ne participent à la distribution du prix de vente du fonds de commerce que lorsque tous les créanciers privilégiés et inscrits sont désintéressés et seulement s'il reste un solde à ce moment.

Quant aux créanciers privilégiés et inscrits, leurs causes de préférence sont inscrites dans le Code civil. Voici leur rang (art. 2101 et 2102 Civ.) :

1° Frais de justice ;

2° Frais faits pour la conservation de la chose ;

3° Impositions ;

4° Propriétaire de l'immeuble où s'exploite le fonds ;

5° Vendeur du fonds, s'il a fait inscrire son privilège dans le 15e jour de la date de la vente ;

6° Créanciers nantis (art. 12 loi 1909), dans l'ordre de la date de leurs inscriptions, si même date, ils viennent en concurrence ;

7° Créanciers privilégiés généraux : 1° Frais de justice non compris dans le n° 1 ; 2° Frais funéraires ; 3° Frais de la dernière maladie du débiteur seulement ; 4° Salaires des gens de service, commis et ouvriers (lois 4 mars 1889 et 6 février 1895, art. 549 Com.) ; 5° Fourniture d'aliments de première nécessité faites au débiteur et à sa famille ; 6° Demi-salaire aux victimes d'accidents du travail.

CHAPITRE VIII

Apport d'un fonds de commerce dans une Société

Nous nous sommes occupé jusqu'ici de l'hypothèse la plus ordinaire, celle où un commerçant vend son fonds à un particulier, mais s'il l'apporte à une Société quelles règles faudra-t-il observer ? Les créanciers chirographaires se verront-ils désarmés ? La loi du 17 mars 1909 est venue mettre un terme à cette injustice consacrée, en l'absence de textes, par la jurisprudence, au moyen de la publicité et des sanctions (1).

Section I

Publicité de l'Apport

176. La mise en Société d'un fonds de commerce doit être publiée dans les journaux d'annonces légales comme la vente d'un fonds de commerce (art. 3-1°). Nous nous bornons donc à renvoyer à ce que nous avons dit de la publicité de la vente, aussi bien pour le fonds sans succursale que pour le fonds avec succursale.

Deux situations peuvent se présenter : le fonds est apporté à une Société en formation, ou bien il est apporté à une Société déjà formée.

Société en formation.— 177. On sait que toute Société commerciale, pour être valablement formée, doit déposer un original

---

(1). La loi du 17 mars 1909, n'ayant pas d'effet rétroactif, ne peut pas s'appliquer à l'apport d'un fonds de commerce à une Société faite antérieurement à sa promulgation. (Trib. com. Seine, 9 septembre 1910, *Gaz. Tribunaux*, 29 octobre 1910).

ou une expédition de ses statuts aux greffes et de la justice de paix du canton où elle doit fonctionner et du tribunal de commerce de son ressort ; 2° publier dans les journaux d'annonces légales une avis faisant connaître la Société d'une façon bien précise (loi 24 juillet 1867, art. 55 et suiv.).

Dans la *quinzaine de la publication* (1) par les journaux de *l'acte de société* contenant apport d'un fonds de commerce, *tout créancier non inscrit* de l'associé qui a fait l'apport *fera connaître au greffe* du tribunal de commerce où le dépôt de l'acte a eu lieu sa qualité de créancier et la somme qui lui est due. Il lui sera délivré par le greffier un récépissé de sa déclaration (article 7-1°).

Société déjà formée. — 178. Si le fonds est apporté dans une Société déjà formée, les *créanciers non inscrits* de l'associé auquel le fonds appartenait feront la *déclaration au greffe* du tribunal de commerce de la situation du fonds, *dans la quinzaine de la publication de l'acte constatant l'ap-*

---

(1). La déclaration prescrite par l'article 7 de la loi du 17 mars 1909, doit être faite dans la quinzaine de la publication de l'acte de Société contenant apport d'un fonds de commerce.

La déclaration faite seize jours après la publication de l'acte est tardive, et ne satisfait pas aux prescriptions de la loi de 1909, lesquelles étant exorbitantes du droit commun, doivent être appliquées strictement. (Trib. com. Seine, 7 janvier 1910. *Gaz. Tribunaux*, 10 avril 1910, avec note).

port, c'est-à-dire dans la quinzaine de la deuxième publication dans les journaux (art. 7-2°).

Section II

SANCTIONS

179. Ces déclarations au greffe vont avoir pour effet, au cas où ils l'ignoreraient, de faire connaître aux membres de la Société qui a reçu l'apport du fonds que celui-ci a un passif. La loi leur laisse un droit d'option : devenir responsables des dettes de l'apporteur ou demander la dissolution de la Société.

180. Les co-associés, ou l'un d'eux, peuvent, dans la quinzaine qui suivra ces déclarations des créanciers au greffe du Tribunal de commerce, former devant le tribunal une demande en dissolution de la Société (1) ou en annulation de l'apport du fonds. Si le tribunal fait droit à cette demande, le fonds redevenant la propriété du débiteur constitue de nouveau le gage de ses créanciers.

---

(1). La dissolution *amiable* d'une Société ne saurait, au point de vue de l'application de la loi du 17 mars 1909, être assimilée à l'annulation prévue par cette loi.

Le deuxième paragraphe de l'article 7 de cette loi dit formellement qu'une demande en annulation devra être formée. Le législateur a donc voulu que les tribunaux soient appelés à apprécier quelle suite il convient de donner à cette

181. Le tribunal compétent sera évidemment le tribunal de commerce, puisque la Société est nécessairement commerciale comme exploitant un fonds de commerce.

182. Au cas où le tribunal ne prononcerait pas soit la dissolution de la Société, soit l'annulation de l'apport, ou si les associés ne formaient pas la demande (2) dans le délai de quinzaine, la Société serait tenue solidairement avec le débiteur principal au paiement du passif déclaré au greffe dans le délai et justifié (art. 7-3°). (1).

183. Pour agir contre la Société, les

---

demande, puisque l'annulation n'est pas accordée de droit aux associés surpris par la révélation du passif non déclaré.

Au surplus, l'annulation d'une Société prononcée par justice produit des effets différents d'une dissolution amiable convenue entre associés. (Trib. com. Seine, 11 mai 1910, *Gaz. Trib.*, 12 août 1910).

(2). Un jugement du Tribunal de commerce de la Seine en date du 3 avril 1911 (*La Loi*, 27 mai 1911), décide en ce sens :

La loi du 17 mars 1909 a pour but, dans son article 7, d'empêcher qu'en fraude des droits des créanciers chirographaires, le débiteur puisse retirer de son patrimoine le fonds de commerce qu'il exploite, en l'apportant à une Société.

Si l'un des associés ne forme pas, dans le délai légal, une demande en annulation de la Société ou de l'apport, ou si l'annulation n'est pas prononcée, la Société est tenue solidairement avec le débiteur principal, au paiement du passif déclaré dans le délai légal et justifié.

(1). Avant la promulgation de la loi du 17 mars 1909, l'apport d'un fonds de commerce

créanciers de l'apporteur du fonds s'adresseront au Tribunal de commerce évidemment compétent, puisque la Société est nécessairement commerciale, comme exploitant un fonds de commerce Les créanciers civils pourraient choisir évidemment le tribunal civil ou la juridiction consulaire.

184. La loi du 17 mars 1909 a envisagé l'hypothèse ordinaire, celle d'un apport pur et simple, c'est à-dire fait moyennant une

---

en société n'avait pas pour effet de mettre les dettes de l'apporteur à la charge de la société. Toutefois, si, dans l'acte de société, l'associé apporteur déclarait que son fonds de commerce était grevé d'un passif commercial déterminé, sans en préciser le détail, la société devenait responsable du passif personnel et commercial dudit apporteur.

Sous l'empire de la loi du 17 mars 1909, à défaut de publication dans les délais légaux de l'apport d'un fonds de commerce à une société, le délai de quinzaine prescrit par l'art. 17 de la dite loi ne court pas contre les créanciers de l'apporteur qui conservent leur droit de gage sur le fonds et sont en droit de rendre la société responsable du paiement de leur créance.

La clause du pacte social limitant pour la société au passif résultant de la comptabilité de l'apporteur la prise en charge de la société n'est pas opposable au tiers, la loi du 17 mars 1909 accordant un droit de gage sur le fonds à tout créancier de l'apporteur sans aucune exception. (Trib. com. Rouen, 11 avril 1910. *Gaz. Pal.*, 29 novembre 1910).

— L'article 7 déclare que dans la quinzaine de la publication, tout créancier non inscrit déclarera au greffe la somme qui lui est due. Que

part de droits sociaux. Mais si le commerçant avait apporté le fonds en échange
d'un équivalent à payer ou à fournir par
la Société, le fonds « n'est plus assujetti
aux chances de baisse ou de mauvaise fortune que la Société peut courir ».

decider, s'il s'agit d'arrérages échus postérieurement à la déclaration ? La Cour de Paris, par
un arrêt du 23 novembre 1910 (*Pandectes* 1911,
2.15), nous répond :

Le créancier d'un associé qui fait apport d'un
fonds de commerce à une société doit, dans la
déclaration qu'il fait au greffe du tribunal de
commerce, préciser exactement les sommes qui
lui sont dues.

Par suite, si dans la déclaration, il a affirmé
être créancier d'une certaine somme pour arrérages d'une pension alimentaire, échus à une
date déterminée, il ne peut ultérieurement réclamer à la société, sous le prétexte que les autres associés n'ont, à la suite de sa déclaration,
demandé, dans le délai imparti par l'article 7 de
la loi du 17 mars 1909, l'annulation ni de la
société ni de l'apport les arrérages courus jusqu'au jour du prononcé de l'arrêt qui a statué
sur la difficulté.

DEUXIÈME PARTIE

Le nantissement
des Fonds de Commerce

§ 1er. — Légitimité du nantissement

185. Le nantissement peut être défini d'une façon générale un contrat par lequel un débiteur remet une chose à son créancier pour sureté de la dette (art. 2071 Civ.). Le nantissement sur fonds de commerce est « un droit réel qu'un débiteur confère à son créancier sur certains éléments de son fonds et qui donne à ce créancier le droit de faire vendre pour se payer en privilège sur le prix des éléments grevés ».

La validité du nantissement, après avoir été longtemps contestée, a été consacrée par la loi du 1er mars 1898, et en dernier lieu par l'article 8-1° de la loi du 17 mars 1909 qui s'exprime ainsi : « Les fonds de commerce peuvent faire l'objet de nantissement, sans autres conditions et formalités que celles prescrites par la présente loi ».

§ 2. — Droits et obligations des parties

Créancier. — 186. Le nantissement d'un fonds de commerce donne au créancier gagiste un privilège (art. 10-1°) assorti d'un droit de préférence. Le créancier gagiste pourra donc, à défaut de répartition amiable du prix et si le débiteur n'est pas en faillite être payé au moyen de la distribution par contribution. Voir dans la première partie : Distribution du prix. Si le débiteur était en faillite, il y aurait lieu à l'affirmation et à la vérification de créance. Voir : Distribution du prix (n°ˢ 170 et suivants).

En outre de ce privilège assorti d'un droit de préférence, le créancier nanti a un droit de suite, le droit de faire vendre aux enchères publiques et le droit de s'opposer au démembrement du fonds.

1° *Privilège*. — 187. Le privilège du créancier gagiste ne porte que sur les éléments du fonds énumérés dans le nantissement. Voir: Objet du nantissement n° 199.

2° *Droit de suite*. — 188. Le droit de suite permet au créancier gagiste de conserver son gage en quelques mains que passe le fonds, mais le tiers détenteur, l'acheteur par exemple, pourra débarrasser le fonds des droits réels qui le grèvent au moyen de la *purge*. Voir ce que nous en avons dit à l'exercice du privilège du vendeur. Mais le créancier gagiste a à son tour le droit de former une *surenchère du sixième*. Voir privilège du vendeur (1).

---

(1). Au sujet du droit de suite, il est important de remarquer que si la loi du 17 mars 1909 a assorti d'un droit de suite l'inscription prise

Autres garanties. — 189. Nous connaissons les autres garanties accordées au créancier gagiste par la loi du 17 mars 1909 en cas de déplacement du siège du fonds, ou de résiliation du bail des locaux par le débiteur. Ces garanties étant aussi communes au vendeur, nous les avons exami-

---

sur un fonds de commerce par le créancier gagiste, elle n'a conféré à celui-ci aucune action personnelle à l'encontre de l'acquéreur tiers-détenteur. En conséquence, ce créancier gagiste n'est pas recevable à actionner ce tiers détenteur en paiement à défaut de tout engagement souscrit par lui à son profit. Telle est la solution, dans une espèce encore nouvelle en jurisprudence, donnée par le Tribunal de commerce de Marseille le 30 novembre 1910 (*Gaz. Palais*, janvier 1911, p. 81 ; *Bulletin du Palais*, Nice, 22 avril 1911). Et cette solution nous paraît juridique. Il est vrai que l'article 22 de la loi nouvelle accorde un droit de suite, et l'article 23 le droit à tout créancier inscrit d'exercer la surenchère du dixième, mais la loi ni les débats ne donnent une action personnelle au créancier nanti contre l'acquéreur ou un tiers-acquéreur pour se faire payer. Il faut une convention entre le tiers-détenteur et le créancier gagiste pour que celui-ci puisse actionner celui-là.

— Un arrêt de la Cour de Lyon, en date du 1er décembre 1909 (*Gaz. Lyon*, 20 août 1910). décide :

L'acquéreur d'un fonds de commerce, poursuivi en vertu d'un nantissement que ce vendeur a constitué sur ce fonds, est bien fondé à opposer au demandeur le caractère fictif et simulé de la créance et, par suite, la nullité du nantissement donné en garantie, mais il est

nées avec les garanties supplémentaires du vendeur non payé (n°⁵ 121 et suivants). (2).

Transmission du nantissement. — 190. Si les parties ont rédigé l'acte de nantissement à ordre, il pourra être négocié par voie d'endossement et le privilège sera

---

tenu de rapporter la preuve de cette simulation.

A défaut de cette preuve et en présence d'articulations dénuées de pertinence et d'admissibilité, la réalisation du gage doit être ordonnée contre le tiers acquéreur, à moins qu'il ne préfère éteindre les causes de la poursuite par le paiement de la créance garantie.

(2). Ces garanties, énumérées dans l'article 13 de la loi du 17 mars 1909, et dont le principe se trouve écrit dans l'article 1188 du Code civil, entraînent la déchéance du terme et soulèvent une question de compétence intéressante, résolue par la Cour de Lyon, 15 mars 1910 (*Mon. Lyon*, 15 juin 1910) :

Les règles de procédure et de compétence édictées dans la section I du chapitre III de la loi du 17 mars 1909, relativement à la réalisation du fonds de commerce donné en nantissement, s'appliquent non seulement aux demandes en déchéance du terme formées dans les deux cas prévus par l'article 13 de cette loi, mais à fortiori à toutes les demandes en déchéance dérivant de l'article 1188 du Code civil.

Ces dispositions qui attribuent compétence au tribunal de commerce dans le ressort duquel s'exploite le fonds intéressent tous les créanciers et le propriétaire de l'immeuble où s'exploite le fonds et elles ne sauraient être tenues en échec par une élection de domicile convenue entre deux parties, en dehors des autres intéressés.

ainsi transféré (art. 27). Voir : Translation du privilège du vendeur (n° 105).

Débiteur. Ses droits.: — 191. Le débiteur reste propriétaire et garde l'exploitation du fonds grevé de nantissement. Il peut donc aliéner les objets destinés à être vendus, excepté à partir du jour où le créancier gagiste exerce son droit de réalisation du gage, surtout si le débiteur n'est plus à la tête de ses affaires (Rouen, 11 décembre 1901). Mais l'aliénation du fonds lui-même ou des éléments permanents du fonds ne serait opposable au créancier gagiste que s'il s'agissait de meubles corporels et dans les termes des articles 2279 et 2280 du Code civil que voici :

2279. « En fait de meubles, la possession vaut titre.

« Néanmoins celui qui a perdu ou auquel il a été volé une chose, peut la revendiquer pendant trois ans, à compter du jour de la perte ou du vol, contre celui dans les mains duquel il la tient.

2280. « Si le possesseur actuel de la chose volée ou perdue l'a achetée dans une foire ou dans un marché, ou d'un marchand vendant des choses pareilles, le propriétaire originaire ne peut se le faire rendre qu'en remboursant au possesseur le prix qu'elle lui a coûté.

« Le bailleur qui revendique en vertu de l'artcle 2102, les meubles déplacés sans son consentement et qui ont été achetés dans les mêmes conditions, doit également rembourser à l'acheteur le prix qu'ils lui ont coûté ».

192. Avant l'échéance, le débiteur est seulement obligé de veiller à la conservation du gage, sous peine d'être déchu du terme. Il est à remarquer que, contrairement au débiteur qui a warrenté ses récoltes, il ne commet pas légalement d'abus de confiance s'il détourne une partie des valeurs grevées du nantissement. Voir plus loin : Détournement de gage, n° 207.

Paiement du créancier. — 193. Nous avons déjà dit à propos de la distribution du prix que les créanciers nantis venaient au 6e rang des créanciers, immédiatement après le vendeur (1). Mais entre créanciers nantis le rang est déterminé par la date de leurs inscriptions. Les créanciers inscrits le même jour viennent en concurrence (art. 12).

194. De même que le vendeur, le créancier gagiste peut exercer ses droits à l'en-

---

(1). Sous le régime antérieur à la loi du 17 mars 1909, le vendeur n'était pas armé d'un privilège, mais est-il primé par le créancier gagiste s'il a fait inscrire son privilège conformément à la disposition transitoire de la loi nouvelle ? Oui, nous répond le Tribunal de commerce de la Seine dans un jugement du 21 septembre 1910 (*Mon. Lyon*, 11 oct. 1910 ; *Gaz. Palais*, table 2e semestre 1910) :

Si les dispositions transitoires de la loi du 17 mars 1909 permettent aux vendeurs d'un fonds de commerce, impayés antérieurement à la promulgation de la loi, et qui ont fait inscrire leur privilège dans les délais légaux, de bénéficier de l'article 2-1° de ladite loi, il ne s'encontre de la faillite du débiteur, il ne subit donc pas de suspension dans ses poursuites individuelles (art. 2-7° et Com. 547 et 548). Voir note sous le n° 203.

§ 3. — **Constitution du nantissement**

Les formalités de l'*inscription*, du *renouvellement*, de la *translation*, de la *radiation*, de la *délivrance d'états d'inscriptions*, les *devoirs* et les *responsabilités du greffier* sont les mêmes que pour le privilège du vendeur.

Forme du nantissement. — 195. Le contrat de nantissement est constaté par acte notarié, on par acte sous seing privé dûment enregistré (art. 10-1°).

196. On sait qu'en cas de faillite ou de liquidation judiciaire du débiteur, l'article 446, déclare nuls et sans effet, relativement à la masse des créanciers, les actes faits par le débiteur depuis la période déterminée par le Tribunal comme étant celle de la cessation de ses paiements, ou dans les dix jours qui auront procédé cette époque ou période suspecte. En conséquence, les nantissements constitués à ce moment pour

---

suit nullement que leur privilège doive primer celui des créanciers qui avaient reçu le fonds en nantissement sous l'empire de la loi du 1er mars 1898, alors surtout que l'inscription prise par ces derniers, postérieurement à l'inscription du privilège des vendeurs, n'est que le renouvellement en temps opportun de la précédente inscription du nantissement pris sous l'empire de la loi du 1er mars 1898.

.dettes antérieurement contractées sont nuls. D'autre part, les nantissements constitués après la cessation des paiements du débiteur et avant le jugement déclaratif de faillite peuvent être annulés par le Tribunal de commerce si, de la part de ceux qui ont traité avec lui, ils ont lieu avec connaissance de la cessation des paiements (art. 447). En dernier lieu, les droits d'hypothèque et de privilège, par conséquent de nantissement, valablement acquis peuvent être inscrits jusqu'au jour du jugement déclaratif de la faillite (art. 448-1°). Ces articles du Code de commerce sont applicables aux nantissements, en vertu d'une disposition formelle de l'article 11-2° de la loi du 17 mars 1909.

197. La transcription du procès-verbal de saisie immobilière empêche encore la constitution des hypothèques, on est donc amené à penser qu'en cas de vente forcée d'un fonds de commerce, en dehors de la faillite, la citation demandant la vente publique du fonds empêchera toute constitution ultérieure de nantissement.

§ 4. — Objet du nantissement

198. Avant la loi du 17 mars 1909, la doctrine était en désaccord avec la jurisprudence sur les éléments du fonds de commerce qui peuvent faire l'objet d'un nantissement. L'article 9 de la loi Cordelet en donne une énumération limitative. Disons tout de suite que les créances et les marchandises, qui ne figurent pas dans cette énumération, pourraient cependant

être données en gage, non point sans doute dans les termes de la loi du 17 mars 1909, mais conformément au Code de commerce art. 91 et suiv.) et conformément à la loi du 28 mai 1858 sur les warrants.

199. Pour obliger les parties à être précises, l'article 9-3° décide qu'à *défaut de désignation expresse* dans l'acte de nantissement, celui-ci ne portera que sur l'*enseigne* et le *nom commercial*, le *droit au bail*, la *clientèle* et l'*achalandage*. Ce sont les mêmes éléments sur lesquels porte le privilège du vendeur au cas où les parties n'ont point énuméré les éléments sur lesquels portera le privilège (art. 1-3°).

Eléments susceptibles de nantissements. — 200. Quels éléments du fonds peuvent être donnés en nantissement ? L'enseigne et le nom commercial, le droit au bail, la clientèle et l'achalandage, le mobilier commercial, le matériel ou l'outillage servant à l'exploitation du fonds, les brevets d'invention, les licences, les marques de fabrique et de commerce, les dessins et modèles industriels, et généralement tous les droits de propriété industrielle, littéraire ou artistique qui y sont attachés (art. 9-1°). (1).

Eléments non susceptibles de nantissement. — 201. D'assez nombreux éléments sont donc soustraits au nantissement de la loi du 17 mars 1909. Ce sont :

Les *créances* actuelles et futures. « Com-

---

(1). Un nantissement pris sur un fonds renfermant une machine, objet d'une vente-location, est-il valablement pris sur cette machine ?

prendrait-on, dit M. Cordelet dans l'exposé des motifs, un nantissement qui porterait sur les créances à provenir de l'exploitation du fonds sans l'obligation d'en acquitter le passif ? La doctrine et la jurisprudence antérieures à la loi étaient dans ce sens.

Les *marchés à livrer et autres traités*.

La doctrine et la jurisprudence s'accordent C'est un corollaire de l'exclusion des créances, « le cédant ne peut se substituer le cessionnaire sans le consentement de son co-contractant » (Exposé des motifs).

Les *loyers versés d'avance*. Malgré le silence des travaux préparatoires, ils doivent

---

Faisons observer d'abord que la qualification donnée par les parties à leurs contrats ne lie pas le juge qui doit définir les conventions d'après leurs caractères et « la commune intention des parties » (art. 1156 Civ. et Cass., 21 juillet 1897. D. 98, 1.269). Ce principe doit s'appliquer notamment à la vente location, et il peut se faire que ce contrat soit bien qualifié par les parties.

La loi du 1er mars 1898, qui n'a pas été modifiée sur ce point par celle du 17 mars 1909, établit le principe qu'un fonds de commerce est « une universalité dont les divers éléments corporels et incorporels composent l'entité juridique. V. Besançon, 29 mars 1901 (D. 1901, 2.97); Poitiers, 1er juillet 1901 (D. 1904, 2.54) ; Paris, 29 janvier 1902 (D. 1903, 2.169 et la note de Robert) ; Paris, 29 mai 1902 (D. 1903, 2.;182).

Sur la question qui nous occupe, celle de savoir si le nantissement porte même sur le matériel remis en location au débiteur, voir Trib. com. Aix. 12 déc. 1904 (*Journal des faillites*, 1906. p. 44).

être exclus du nantissement, « car ils ne constituent que l'extinction d'une dette anticipée du preneur ».

202. Les *livres de commerce et la correspondance*. En cas de vente du fonds, ils restent la propriété du vendeur, aussi ne peuvent-ils pas être compris dans le nantissement du fonds. C'est ce qui est dit dans l'exposé des motifs, mais la Cour de Paris décidait que les livres étaient la propriété de l'acquéreur. Voir : Notions préliminaires n° 29.

La doctrine et la jurisprudence s'accordent généralement pour décider que les créanciers, dont le privilège repose sur un nantissement, peuvent exercer leurs droits même sur les meubles appartenant à des tiers et mis en leur possession ou introduits dans l'universalité juridique à eux affectée à titre de gage, pourvu du moins que ces créanciers aient été de bonne foi au moment de cette introduction. Et la bonne foi se présume *frans non presumitur*, c'est donc à celui qui revendique à prouver que le créancier qui exerce son droit de gage en était propriétaire. Cass. 12 mars 1888 (D. 88, 1.104); Alger, 31 janvier 1891 (S. 91. 2.136).

Un arrêt très récent de la 6e Chambre de la Cour de Paris, en date du 17 janvier 1911 (*Gaz. Palais*, mars 1911, p. 299) fait une très exacte application de ces principes. En voici l'analyse:

Si la vente-location est fréquemment un moyen détourné pour conserver au prétendu bailleur, qui n'est en réalité qu'un vendeur, la propriété de l'objet mobilier remis et le droit de le revendiquer, s'il n'est pas payé, en cas de faillite, ce qui est formellement interdit par l'article 550 du Code de Commerce, cependant quelques-uns de ces contrats pouvant présenter

203. Les *marchandises*. Avant la loi nouvelle, la majorité de la doctrine et de la jurisprudence admettait les marchandises en nantissement. Les tribunaux de commerce et quelques cours, celles d'Amiens, d'Aix-en-Provence, les excluaient. L'auteur de la loi, M. Cordelet, s'est rallié aux arguments du second système et à une délibération de la Chambre de commerce de Paris du 2 mars 1904 et surtout à un argument qui a paru à la Commission, dit M. Cordelet dans son rapport supplémentaire,

le caractère de bail sérieux, si les faits et les circonstances, par exemple l'assurance de l'objet au nom du bailleur, la faculté pour le preneur de résilier la location au bout d'un certain temps, l'obligation pour le locataire de verser une forte somme en sus du prix du loyer s'il veut acheter l'objet à l'expiration du délai accordé pour l'option et finalement l'absence de fraude, permettent d'affirmer que la volonté des parties a bien été de se lier en vue d'une simple location.

Le fonds de commerce est devenu, depuis la loi du 1er mars 1898, une universalité qui absorbe les éléments corporels et incorporels qui concourent à sa formation, tout en conservant son indépendance, sans qu'on puisse en distraire certains d'entre eux, quelle que soit leur importance, à moins d'une manifestation formelle de la volonté des parties exprimées dans le contrat ; le dessaisissement effectif n'est plus nécessaire et le débiteur conserve la possession du gage, mais le détient pour le compte du créancier nanti.

En conséquence, le droit du créancier gagiste

« tout à fait décisif et à lui seul suffisant :
la rapidité des opérations commerciales ne
permet pas aux fournisseurs en relations
d'affaires avec le propriétaire d'un fonds
de commerce de consulter le registre du
greffe avant chaque opération ; à tout instant d'ailleurs un nantissement peut surve-
nir, et un fournisseur se trouve primé par
une inscription prise entre la livraison de

---

s'étend nécessairement à tout ce qui se trouve
faire partie du fonds de commerce et concourt à
son exploitation, sans qu'il soit besoin qu'un
inventaire ou un état définitif ait été annexé à
la convention constitutive du nantissement, ni
de la justification d'une détention effective de
l'objet que la loi de 1898 a entendu supprimer.

Il s'étend spécialement à des machines louées
par un tiers au débiteur et garnissant le fonds
de ce dernier.

C'est en vain que le locataire prétendrait que
pour pouvoir donner une chose en gage il faut
en être propriétaire et avoir la capacité d'en disposer ; le créancier gagiste peut, sauf en cas de
perte ou de vol, en refuser la restitution à celui
à qui il appartient, et opposer à ce dernier les
dispositions de l'article 2279 du Code civil jusqu'à ce qu'il ait été désintéressé, car s'il n'est
qu'un détenteur précaire vis-à-vis de son débiteur, à l'égard du véritable propriétaire de la
chose, au contraire, il possède utilement.

Le privilège du gagiste n'est protégé toutefois
que si le créancier a été de bonne foi, mais la
bonne foi se présume chez lui jusqu'à preuve
du contraire et il appartient au revendiquant
d'établir sa mauvaise foi.

ses marchandises et l'époque fixée pour le paiement ». (1).

204. *L'immeuble où s'exploite le fonds.* Les travaux préparatoires sont muets sur ce point, mais la raison de l'exclusion de l'immeuble est que le commerçant propriétaire de l'immeuble consentira à son créancier une hypothèque conventionnelle d'après la procédure civile qui se suffit parfaitement. « Il serait inadmissible, dit M. Perceron dans son rapport à la Société d'Etudes législatives, qu'on pût grever un immeuble d'une charge réelle par simple inscription de l'acte de nantissement au greffe du tribunal de commerce. A l'égard des immeubles, nous avons un système de

---

(1). A propos du nantissement des marchandises, le Tribunal de commerce de la Seine, dans un jugement en date du 15 décembre 1909 (*Mon. Lyon*, 7 mars 1910), décide :

Si, en vertu de l'article 2076 du Code civil, le créancier gagiste perd son privilège dès que le gage est démembré, notamment lorsque les marchandises sont sorties du fonds dans lequel il en avait pris possession, et s'il est incontestable que le nantissement d'un fonds de commerce n'a pas pour effet de frapper les marchandises qui s'y trouvent d'indisponibilité entre les mains du débiteur, et lui laisse le droit de les vendre à charge de les renouveler et remplacer, il cesse d'en être ainsi le jour où le créancier a mis en œuvre son droit de réalisation, lorsque le débiteur a été déclaré en liquidation judiciaire, et que le liquidateur, vendant les marchandises, ne les remplace pas et ne reconstitue pas l'élément essentiel du gage.

publicité sur lequel nos propositions (relatives au gage) ne doivent point empiéter ».

Hypothèque de l'immeuble et nantissement du matériel. — 205. Une difficulté peut se produire. Supposons un commerçant exploitant son fonds dans un immeuble lui appartenant et grevé d'hypothèque. Nous savons que le matériel et l'outillage d'un fonds peuvent faire l'objet d'un nantissement. Faut-il étendre le droit du créancier hypothécaire au matériel, en se basant sur ce que, placé dans l'immeuble par le propriétaire ou pour son exploitation, il est devenu (art. 524 Civ.) immeuble par destination ? Ou bien doit-on, au contraire, donner la préférence au créancier dans le nantissement duquel rentre ce matériel? En présence du silence de la loi et des travaux préparatoires, nous nous rallions à la solution proposée par le rapport de M. Perceron dont nous parlions plus haut: « En législation, la meilleure solution du conflit serait, croyons-nous, celle qui détermine le rang de préférence d'après l'ordre des dates. Au moment où il reçoit la sûreté que lui consent le débiteur. chaque créancier peut, en effet, savoir aisément s'il n'y a pas déjà quelque charge réelle grevant le matériel : le créancier hypothécaire, en consultant le registre des inscriptions de nantissements, le créancier nanti celui des hypothèques ».

206. Le *certificat d'addition* postérieur au nantissement qui comprend le brevet auquel il s'applique suit le sort de ce bre-

vet et fait partie comme lui du gage constitué (art. 9-2°).

Détournement du gage. — 207. La loi
du 13 mai 1863 a ajouté un cinquième paragraphe à l'article 400 du Code Pénal
pour punir de la peine du vol le détournement ou la destruction du gage. L'existence du délit était subordonnée à la condition
que les objets du gage aient été mis par le
débiteur en la possession d'un tiers conve-
nu entre les parties, le privilège ne se conservant que par le fait du dessaisissement
du débiteur.

Mais la loi du 1er mars 1898, qui a autorisé le nantissement des fonds de commerce a créé une situation nouvelle. Le dessaisissement des débiteurs est remplacé par
la publicité de l'inscription du nantissement au greffe du Tribunal de commerce.
Cette circonstance que le débiteur reste en
possession des divers éléments qui composent son fonds ne met pas obstacle à l'application de l'article 400-5°. Ce texte ne
distingue pas entre le cas où le créancier
est en possession du gage et celui où le débiteur n'en pas été dessaisi. (Cassation, ch.
crim., 13 mars 1909, D. 1911, 1.159).

Cette décision a le même intérêt sous
l'empire de la loi du 17 mars 1909, mais il
est certain que la législation nouvelle pro-
hibant le nantissement des marchandises,
les cas d'application seront rares et se res-
treindront au détournement du matériel
et du mobilier.

Diverses décisions reconnaissent l'article
400-5° applicable : Trib. correct. Seine, 9

déc. 1910 (D. 1911, 5.13) ; Paris, 14 mars
1901 *(Gaz. Trib.* 1901, 2.181) ; Montpel-
lier, 4 nov. 1902 (table quinquennale *Gaz.
Trib.* v. Agence de renseignements n° 8).
Garçon *(Code Pén. annoté,* art. 400 n°
182) déclarent que depuis la loi de 1898 le
détournement du gage ne constitue plus
un délit.

§ 5. — **Réalisation du gage**

208. Contrairement à ce que permet le
Code civil (art. 2078) pour le gage civil,
le nantissement d'un fonds de commerce
ne donne pas au créancier gagiste le droit
de se faire attribuer le fonds en paiement
et jusqu'à due concurrence (art. 8-2°).

Le créancier gagiste aura donc recours à
la vente aux enchères publiques que nous
avons étudiée avec détails, à l'occasion de
la vente, dans la première partie (1).

---

(1). A propos des règles générales de la vente
nous avons examiné rapidement celles du bail
d'un fonds de commerce (n° 51), et nous avons
dit qu'en cas de faillite du preneur, le bailleur
reprenait comme propriétaire tous les éléments
du fonds dont il a conservé la propriété. Envi-
sageons l'hypothèse inverse, c'est le locataire
qui a introduit dans le fonds des meubles lui
appartenant ; le propriétaire du fonds a donné
celui-ci en nantissement et le locataire est déclaré en faillite. Le prix de vente de ce mobilier
personnel au locataire doit-il revenir au créancier nanti ?

La question n'emprunte aucune actualité à
la loi de 1909. nous la signalons seulement à

cause de son intérêt et surtout parce qu'elle
vient de recevoir une solution pour la première
fois par la 1re chambre de la Cour d'Agen (8
décembre 1910, *Gaz. Tribunaux*, février 1911,
2.171). Voici la doctrine de cet arrêt qui tranche
une espèce toute nouvelle.

Malgré l'indivisibilité du fonds de commerce donné en nantissement, le créancier gagiste
ne peut réclamer ses droits de gage sur le matériel et le mobilier apporté par un locataire,
alors même que ce locataire exploite le fonds de
commerce (dans l'espèce un café) aux lieu et
place du propriétaire du fonds qui l'a donné en
nantissement. Et lorsque le matériel et les meubles du propriétaire et du locataire ont été vendus en même temps, le syndic de la faillite du
locataire a le droit, dans la distribution ouverte,
de revendiquer le prix de vente afférant au matériel et au mobilier du locataire failli.

TROISIÈME PARTIE

Les Fonds de Commerce et le Régime Matrimonial

CHAPITRE PREMIER

Régime de communauté

Propriété du fonds. — 209. Lorsque les époux ne font pas de contrat de mariage, ils ont le régime de communauté. Si, *au moment du mariage*, l'un des époux est propriétaire d'un fonds, ce fonds tombe en communauté. S'il est acquis *pendant le mariage*, il est encore commun, à moins qu'il s'agisse d'une donation ou d'un testament qui stipule que le fonds sera propre au bénéficiaire, donataire ou légataire.

Dans le contrat de communauté *réduite aux acquêts*, la propriété du fonds peut être réservée à l'époux qui le porte. Dans d'autres contrats de communauté conventionnelle, il peut être décidé que le fonds sera commun, mais pourra être repris par l'époux qui en a fait l'apport, à condition de le précompter sur sa part, à la dissolution de la communauté, c'est la *clause commerciale* ou de *fonds de commerce*. Et si la femme avait fait l'apport du fonds, il est ordinairement stipulé qu'elle reprendra le fonds même en cas de renonciation à la communauté à la dissolution de celle-ci.

Jouissance du fonds. — 210. Dans tous les cas, la jouissance du fonds de commerce appartient à la communauté, et son administration au mari. chef de la communauté. Si le fonds était propre à la femme, elle s'en réservera ordinairement l'administration, étant de ce fait habilitée à faire le commerce.

Droit de disposer du fonds. — 211. Le droit de disposer du fonds dans son ensemble appartient au mari, si le fonds est sa propriété ou bien s'il est commun. La clause commerciale ne l'empêcherait pas de porter ce fonds à une Société, en décidant dans le contrat que son co-associé en deviendra seul propriétaire à sa mort, mais à charge par lui de verser une somme déterminée aux ayants-droit du de cujus. Telle est la jurisprudence de la Cour de cassation.

Passif du fonds. — 212. Quand le mari administre et gère le fonds, il s'oblige lui-même et la communauté à l'occasion des dettes qu'il contracte dans cette gestion. Celles contractées par la femme, faisant le commerce avec l'autorisation de son mari, l'obligent elle-même, en même temps que le mari et la communauté.

INDEX ALPHABÉTIQUE

*Les chiffres renvoient aux numéros
des paragraphes*

A

B

U

V

Table des Matières

NOTIONS PRÉLIMINAIRES

PREMIÈRE PARTIE

La Vente des Fons de Commerce

CHAPITRE I

Règles générales de la Vente

CHAPITRE II

Privilège du vendeur

CHAPITRE III

Action résolutoire du vendeur

CHAPITRE IV

Garanties supplémentaires

CHAPITRE V

Obligations spéciales de l'acquéreur. Garanties des créanciers du vendeur

CHAPITRE VI

Vente forcée

CHAPITRE VII

Distribution du prix

CHAPITRE VIII

Apport d'un fonds de commerce dans une Société

DEUXIÈME PARTIE
Le Nantissement
des Fonds de Commerce

TROISIÈME PARTIE
Les Fonds de Commerce
et le Régime Matrimonial

CHAPITRE I
Régime de communauté

CHAPITRE II
Autres régimes

QUATRIÈME PARTIE

—

CHAPITRE I

Ventes et nantissements antérieurs à la loi du 17 mars 1909

CHAPITRE II

Ventes et nantissements contractés entre le 17 mars et le 1er avril 1909

IMPRIMERIE J. VENTRE

15, rue de la Préfecture — Nice

IMPRIMERIE J. VENTRE

15, rue de la Préfecture — Nice